YO NO VENDO, ME COMPRAN

ExLibric

JOSÉ LUIS SÁNCHEZ-GARRIDO Y REYES

YO NO VENDO, ME COMPRAN

EXLIBRIC

ANTEQUERA 2020

JOSÉ LUIS SÁNCHEZ-GARRIDO Y REYES

YO NO VENDO, ME COMPRAN

«Si no vendes, ¿para qué sirves?».

El autor

«La venta es un acto sexual sin sexo».

El autor

Índice

PRÓLOGO

Aquellos que tenemos la suerte de conocer personalmente a don José Luis sabemos que no es una persona corriente. Y no me refiero solo a su aspecto, el cual puede intimidar por su altura y corpulencia (¡y no digamos por su cabeza!). Lo más sorprendente es cuando hablas con él. Es un placer escucharlo. De una forma sosegada y con un fino sentido del humor, comparte reflexiones de gran sagacidad y sorprendentes para los que no tenemos su capacidad y experiencia.

Lógicamente, un individuo de estas características no podía pergeñar una obra fácil de catalogar.

Por ello, si usted, estimado lector, es una persona normal, a la que no le gustan las sorpresas, honestamente debo recomendarle que devuelva este libro al estante y prosiga su búsqueda.

Sin embargo, si, por el contrario, le gustan los desafíos y se encuentra cómodo con lo inesperado no lo dude: este libro está escrito para usted, para personas que disfrutan de lo diferente.

Para el autor la vida y la venta van de la mano, son indisolubles. Se define como vendedor desde que vino al mundo (quizás antes, reflexiona), por lo que no debe sorprendernos que en sus páginas encontremos no solo importantes ideas sobre el mundo comercial, sino también reflexiones vitales tales como la necesidad de realizar planificación «de toda la existencia».

Escrito desde la atalaya de sus 76 experimentados años, tras una larga (se jubiló hace menos de dos años) y exitosa vida profesional, nos transmite auténticas perlas de conocimiento, afirmaciones que no se encuentran en ningún manual de ventas ni de *management*, que sorprenden e incluso pueden escandalizar, pero que desprenden una profunda humanidad y son de una contundencia y franqueza que sorprenden, especialmente hoy en día, cuando los mensajes suelen trasladarse de forma edulcorada y muchas veces confusa. El autor nos plantea la venta desde la honestidad, la constancia, el compromiso, la autoformación. Como consecuencia de todo ello, nos compran.

Es decir, el desafiante título del libro, *Yo no vendo, me compran*, podría interpretarse como una presunción, una expresión de soberbia y altivez. Nada más lejos. Explica la venta como un acto de humildad, de tratar a los clientes «como príncipes», con empatía, comprensión y generosidad, aprendiendo de las necesidades explícitas e implícitas. Todo ello entendido como un proceso de relación y no de transacción, para toda la vida. No encontrará aquí, estimado lector, fórmulas mágicas de manipulación y seducción para la venta. Sí encontrará entre las páginas del libro, por el contrario, frases que le harán soltar una inesperada carcajada.

En fin, espero que este prólogo escrito desde el cariño, el respeto y la admiración hacia el autor, mi tío José Luis, no haya desanimado al lector. Le aseguro que lo que hay dentro sí que es de calidad. Este prologuista novato no quiere extenderse más y cansar al lector, así que, como el mismo autor nos recomienda al inicio, dejémonos llevar.

Antonio Ignacio Sánchez-Garrido Lara, empresario

1. PREÁMBULO

En definitiva, a la venta le he dedicado toda mi vida; si bien es verdad que, además de vender, he hecho muchas otras cosas, simplemente para vender más, tales como ejercer durante más de veinte años de gerente. Pero he de confesar con sinceridad que he sido realmente, en largos períodos, un vendedor disfrazado. Yo, por ejemplo, puedo vender haciendo que otros vendan.

Escalar a otros puestos y hacer otras funciones ha sido siempre para poder, de esta manera, conseguir que las empresas para las que he trabajado creciesen, se desarrollasen y, por consiguiente, vendiesen más y de paso, en primer lugar, procurar con ello mejorar mi situación económica para el bien de la familia.

Siempre me he considerado un claro vendedor nato, lo confieso. No quiero ni pretendo nada; ya con 76 años, que cumplí el 17 de julio de 2020, muchos de los anhelos personales han desaparecido, casi todos. Me queda el procurar ser feliz lo que me reste de vida, tener una muerte que sea rapidita y, por supuesto, que a mi familia y a mí, en lo posible, no nos afecten enfermedades.

Esto es lo mismo que decían mis padres que querían cuando fuesen mayores y creo que casi todo el mundo. Sí quiero escribir temas pendientes que tengo en la cabeza. Después no sé si alguien lo leerá, pero es lo mismo. Al menos yo así me siento más tranquilo.

Cuando me vaya de este mundo, al menos en algunos libros quiero dejar constancia de que alguna vez existí. Todos los días de mi vida he procurado aprender algo, aprender como objetivo claro. Muchos días quizá hayan pasado aprendiendo poco y en otros días las enseñanzas se me han acumulado. Después, en cierta medida, probablemente las he olvidado.

Cuando era más joven, compañeros vendedores, compañeros delegados, de mucha más edad que yo (todos ya muertos, salvo alguna excepción), no hablaban de mí como modelo de vendedor precisamente. Es posible que a lo mejor todo lo contrario. Teníamos puntos de vista distantes, encontrados, en el modo de ver y plantear las ventas, de entender la vida de la venta. Yo sinceramente pensaba de ellos (salvo excepciones) que estaban equivocados, que estaban un poco antiguos, con todos mis respetos. Seguían modelos ya trasnochados y hay que actualizarse continuamente. Ellos pensaban que yo era un joven impetuoso, sin experiencia. Bueno, son puntos de vista. Yo probablemente otras muchas cosas no me las crea de mí mismo, pero que soy un buen vendedor no lo dudo lo más mínimo. Sí, sí, así como suena. Si alguien no está de acuerdo es que está equivocado. Yo he nacido vendiendo, a lo mejor por tema genético, no sé.

Hay quien piensa que conoce a otro vendedor mejor que yo porque puntualmente han hecho una operación u otra; para mí es irrelevante, porque el vendedor tiene un rasgo fundamental, que es la constancia. No se es vendedor un día y otro no: se es o no se es, te gusta la venta o no. Tú y yo, querido lector, somos indudablemente los mejores.

A muchos no les gusta la venta, lo cual es bueno, porque así tenemos menos competencia los que nos gusta esta operación. Y si no les gusta y venden, pues estupendo, porque para los que nos gusta vender no son contendientes dignos de mención. A los que no les gusta la venta podemos vencerlos fácilmente mientras se quejan de este mundo cruel que tan mal los ha tratado.

Otros que me conocen, sin embargo, quizá me sobrevaloren. Estos estaban en lo cierto, pensaba yo. Y creo que acertaron.

En fin, no penséis ni mucho menos que soy un presumido y egocéntrico, como me dice Trini. Al fin y al cabo, llevamos toda la vida juntos y del todo no nos conocemos.

Yo puedo decir sin remilgos que mi trayectoria profesional ha sido exitosa. No lo digo yo ni presumo de nada ni quiero nada; me lo dicen continuamente personas muy variadas. Al dejar el sector no tuve una reunión de homenaje, sino tres. E incluso, de alguna manera, evité otras dos. En el sector de los fertilizantes quizá haya tenido un récord de permanencia, de introducir nuevas técnicas y productos, de ampliación de mercados, de sistemas de fabricación. He tocado todas las teclas empresariales. La venta es un acto concreto en todos lados.

Me considero una persona modesta, aunque algunos digan: «¿Modesto tú?». En definitiva, oigo muchas cosas, que selecciono y me quedo con las que me parecen más sensatas y me vienen mejor. Como casi todos. Bueno, se puede decir que escuchaba, pues ahora cada día estoy más sordo.

No necesito mucho para ser feliz ahora, ya que con el amor de la familia y los allegados, la recompensa de haber hecho lo que he podido y siempre honestamente y la alegría que pueda producirme algún pequeño hallazgo o detalles inesperados me es suficiente. No me he puesto requisitos para ser feliz que al no cumplirlos me produzcan infelicidad. Mi alma escribiendo vuela y se rejuvenece. He vuelto a mi tierra en este viaje final, a mi Antequera del alma.

Además, de jubilado no he aprendido aún a aburrirme. Entre otras cosas, la lectura, la escritura y no ver nada de política en televisión llenan mi tiempo y me dan enormes satisfacciones.

Cuando uno tiene una idea clara, muy estudiada, desarrollada con detalle, debe luchar por ella, emplearse a fondo.

Si una persona va a un consejo de administración, por ejemplo, y en el mismo hay diez personas y opinan todas lo contrario a un tema que tú tienes muy estudiado, significa sencillamente que hay diez personas equivocadas y hay que estudiar estrategias para que cambie esta situación que no pasen por la confrontación en ese momento, donde lo correcto no tendría futuro alguno. Todo es cuestión de estrategia y de paciencia y enseñanza con objetivos claros.

Evidentemente, si alguien te demuestra que estás equivocado debes cambiar de inmediato, sin pensarlo ni un momento y reconociéndolo. No se trata de llevar siempre la razón, sino sencillamente de funcionar siempre razonablemente. En las carreras largas el más burro gana. Se entiende por «burro» al más constante.

El tener desde niño unos conceptos diferentes o atípicos en la venta y en mi concepción del trabajo me ha acarreado no pocos problemas de diversa índole a lo largo de los años, con los que he sufrido mucho, por no compartir muchas personas en absoluto mi estilo. Un estilo que yo no he cambiado, sencillamente, porque siempre me ha funcionado. Y si lo he cambiado no he sabido apreciar dichos cambios.

Creo que soy un vendedor desde que estaba en la barriga de mi queridísima y añorada madre, la persona a la que más he querido en el mundo mundial. No me acuerdo de si en aquellos meses le vendí algo.

He conocido a algunos que sé que piensan que son mejores vendedores que yo. Con ello sonrío plácidamente, por muy encumbrados que sus familias y amigos los tengan.

Yo no necesito que me encumbren, lo hago yo mismo. Yo sé que soy el mejor. O, bueno, al menos del grupo de los mejores, para que no se me diga que me lo tengo creído. Es necesario tener mucha confianza en uno mismo y esto se consigue mediante el análisis y el estudio y teniendo las cosas claras. Y además ser muy bueno. Tal como tú, querido lector, y como yo. Ninguno de los dos tenemos la culpa de ser tan extraordinarios.

Tuve el mejor maestro del mundo, que fue mi padre. Desde los seis años le acompañaba en el mostrador de la tienda de la calle Merecillas, en Antequera, y le escuchaba y observaba, asombrado por su profesionalidad y buen hacer. Estas enseñanzas las recibí hasta los diecisiete años, cuando me fui a Sevilla a estudiar.

Me gustaba estar junto a mi padre porque aprendía mucho y le ayudaba a despachar desde pequeño y a organizar el almacén. Fue mi gran universidad. Él era filósofo, psicólogo, economista, osado y valiente. No era para nada «agarrado»; más bien era bastante espléndido, como arma para vender más, y muy humano. Allí se vendía, se compraba, había tertulias de amigos y venía él de la «Universidad de la Huerta Antequerana», de trabajar en el campo como hortelano, donde en una «miga» había aprendido a leer, sumar, restar, multiplicar y dividir con dificultad. De mi hermano Antonio aprendí su baza principal, ser muy humano.

Tuve otros muy buenos maestros, por suerte. Recuerdo que he tenido muy buenos e ilustres maestros en mi vida, entre los que puedo nombrar a Manuel Morón Salas, Julián González Higueras, Francisco de la Torre, Alejandro Viñas, José Moral, Luis Martín o Juan y Joaquín Romero, entre otros. De ellos y de todos los demás he aprendido. De unos he aprendido lo que hay que hacer y de otros lo que no hay que hacer. Luis Martín Aguado dice que el maestro soy yo. Yo digo que es porque de él he aprendido; a lo mejor para él y algunos otros, en alguna medida, soy yo también un maestro. Y sí, he sido profesor de bastantes personas, ahora en activo en su mayoría, aunque también los hay ya jubilados.

Miro hacia atrás. Han sido muchos años de trabajo, de tensión, de aceleración, de sobresaltos, de alegrías y de decepciones. En definitiva, de vivencias. La vida misma.

Me lanzo a escribir sobre la venta en el viaje familiar con motivo del cincuenta aniversario de boda, en un crucero por Canarias y Agadir de Pullmantur en la Semana Santa de 2018, sesenta años después de aquel Jueves Santo de 1958 en el que conocí a Trini mientras esperaba en la calle Lucena el desfile de la Cofradía del Consuelo. Y cincuenta años que han transcurrido desde la boda. Crucero maravilloso con toda la familia. Después lo escrito lo abandoné y ahora ya lo retomo para terminarlo.

Estamos en 2020 y es verano. He dejado reposar los apuntes dos años, pero ahora tengo a mi mánager, señorita María José Ruiz, que me alienta a escribir, me lee y me revisa todos mis escritos, con lo que tiene el cielo ganado. Incluso me cambia algunas cosas y encima me dice que lo hago bien.

Permítanme, amigos. No se preocupen mucho, no pienso dar una lección de nada. Es más, no sé ni lo que voy a escribir, sinceramente. Sí de lo que quiero escribir. No se pongan en guardia, no se precipiten o anticipen conclusiones. Déjense llevar, al menos de momento, y tengan un poco de paciencia. A lo mejor leen algunas cosas que puedan ser de su interés. ¡Quién sabe!

Y, por favor, si les preguntan por el libro les ruego que digan: «¡Magnífico!». Sencillamente, sin más.

Tengo conocidos que toman un libro en sus manos, lo hojean en cinco minutos y comentan: «¡Va, no lo veo interesante!». No sea usted de esos. Mejor, si es así, que no lea nada y lo ponga en el estante directamente.

No voy a exponer un nuevo método, no voy a decir nada, pero quizá diga mucho. Lean, tengan paciencia y al final opinen. Si lo que opinan es agradable, ruego que me lo hagan llegar; si no les sirve para nada lo leído, pues no me digan nada. Ya los entiendo y no me gustan los comentarios negativos. A estas alturas de mi vida no creo que pueda rectificar mucho en estos temas.

Explicaré lo que siento sobre este tema lo máximo y mejor que pueda, es lo mínimo que puedo hacer. Que a lo mejor no es tanto.

Termino con una frase del amigo Ramón Cucurull (Cupasa-Lérida, buen maestro también), que le copié hace muchos años: «¡El mundo es nuestro!».

No quiero que mi libro sea un libro más de ventas, no quiero eso ni muchísimo menos. Si el libro fuera uno más del arte de la venta, yo sería uno más. Y yo no soy uno más, soy diferente, soy único. Lo mismo que tú, querido lector.

Quiero aportar el positivismo de la experiencia, porque la vida es una sucesión de sucesos. La experiencia, probablemente, es una concatenación de malas experiencias. La experiencia es la acumulación de errores. Realmente, el éxito es un fracaso fallido. Con la experiencia alcanzamos la sabiduría profesional y, como decía Gabriel García Márquez, la sabiduría nos llega cuando ya, por ser viejos, no nos sirve para nada.

Los jóvenes creen que ellos son los que más saben. Ellos tienen juventud, algo que no tenemos los mayores, pero les falta experiencia; y, en fin, los mayores tenemos experiencia, pero nos falta la juventud. Todo un lío.

2. EL ENTORNO

Antecedentes

La vida es un concepto un tanto relativo. Cientos de millones de años lleva el mundo dando vueltas, así que estos últimos 5.000 o 6.000 son una nimiedad. Nuestros orígenes y cómo hemos llegado hasta aquí son una de las cuestiones más fascinantes a las que se enfrenta la ciencia. La adaptación al entorno ha determinado muchas de las características de la sociedad actual. En el *Homo sapiens* estamos y hay otras especies extinguidas, que se pueden reconocer en las colecciones de fósiles de yacimientos africanos y euroasiáticos, con una antigüedad no superior a 2,4 millones de años, mostrando una evolución del linaje humano desde nuestro ancestro común: el chimpancé.

Nosotros, en definitiva, somos de la tribu *hominini*. Esto va por los chimpancés y por nosotros. Pertenecer a la misma tribu es como un parentesco de segundo grado. Primos segundos, en definitiva. Hemos evolucionado de manera divergente, pero todavía tenemos mucha similitud genética. Estas investigaciones genéticas nos sitúan en el plano que nos corresponde: los genes entre el hombre y el chimpancé son iguales en el 98,8 por ciento. Esto así suena con poca diferencia, pero es mucha. Los chimpancés y los humanos realmente tienen 25.000 genes operativos, los demás animales no. El 30 por ciento es idéntico al de los chimpancés y de los demás hay muy pocas diferencias. Sin duda, en el tema genético queda mucho por recorrer. La evolución del ser humano es increíble. Muchas veces pensamos que el mundo empezó hace 5.000 o 6.000 años y que a lo mejor dura no muchos miles más y esto no es así, probablemente. La evolución tiende a otros elementos, a otras vivencias muy distintas de las actuales. ¿Cómo seremos dentro de 10.000 años? Sin duda, mejores que ahora, quiero suponer. Mucho más evolucionados y todo muy cambiado. Y la inteligencia, sin duda, estará mucho más desarrollada.

Nosotros somos unos «bichitos» inteligentes que nos hemos adueñado del mundo y que cada día estamos más organizados y vamos a mejor. Hay que tener en cuenta que en su momento éramos salvajes y, aunque ahora quedan algunos salvajes, cada vez hay menos porque la sociedad los va reciclando. Habrá un momento, no muy lejano, que será la «revolución de las conciencias», en el cual se cambie a un mundo solidario y de mutuo apoyo total.

No veré esto, como no veré tampoco un viejo sueño, observar el río Barbate navegable hasta La Barca de Vejer. Ni, desde luego, otro viejo sueño: ver navegable el Guadalquivir con dársenas al menos hasta Andújar y, si fuese posible, hasta la falda de Cazorla. Me temo que no. Probablemente, dentro de muchos años pueda ser un hecho. Muchas cosas hasta ahora impensables estamos en el camino de combatirlas aunque estemos en la pandemia causada por la COVID-19. Antes a esto se le llamaba «peste». Esto de ahora hace siglos hubiese sido un desastre impredecible.

Dentro de esta trayectoria tan tremenda, tan gigantesca, de alguna forma hacemos el trabajo mínimo, pero alguno hacemos, colaborando en lo que modestamente se pueda en esta evolución, teniendo en cuenta que nuestra vida es muy corta comparada con la del mundo. Si la evolución ha generado inteligencia, ¿quién dice que no hay algún planeta por ahí que haya generado otra cosa que piense? Mundo fascinante. Aunque yo no creo en ello; creo que la vida que se dio en el nuestro es demasiado compleja para repetirse.

La superpoblación se autorregulará gracias a las máquinas, que cada vez más son más robotizadas y cada día hay menos trabajo manual; sin embargo, la sociedad mantendrá dignamente a toda la población. Eso sin duda. Entre otras cosas, porque no hay otra alternativa razonable.

Ya en estas modernidades se empieza a estudiar si los vegetales tienen sentimientos, de alguna manera, o les llamaremos de otra forma. A veces tienen comportamientos no solo «vegetativos», sino que encierran misterio. Mucho misterio que empieza a analizarse. Cada vez tendremos menos misterios y más ciencia.

Quizá no hayamos comprendido por el momento la brevedad del ser dentro de un mundo inacabable. Es cosa de comprenderla viendo de cerca la muerte de miembros de la familia y amigos con cierto detalle para aprender.

Hoy día lo humano es una técnica empresarial

Pues sí, esto puede parecer escandaloso. ¿Cómo es posible que se actúe en este sentido? Puede parecer incluso aberrante. Hay que verlo con calma. Simplemente, es lógico.

Es sencillo: las empresas evolucionan, se desarrollan y pretenden cada día ser más coherentes en el mundo que nos rodea. Entonces la figura mercantil que siempre han sido empieza a transformarse también, a tener alma, a tener sentimientos, aparte de los rasgos generales operativos y funcionales, de respeto.

La empresa la compone, aparte del capital, un grupo de personas. Por tanto, se proveen de empresas formadas por personas y les venden a empresas formadas por personas o a particulares. El que las empresas busquen solo el resultado económico es un concepto ya antiguo, que ha quedado atrás.

Si todo el mundo está formado por personas, la empresa tiene que pensar como persona. He aquí una moderna evolución de la empresa. Algún conato se inició con la RSC (Responsabilidad Social Corporativa) y después hubo un vacío. Por último, en esta época de tantos cambios ya la empresa evoluciona, de hecho, de ser una personalidad jurídica a tener personalidad humana. No con un solo cuerpo, sino con las mentes que integran la misma (entendiendo por tales a empleados, clientes, proveedores) y que la configuran. Así tenemos una sociedad anónima, limitada o también cooperativa. Pasa a ser otro tipo de ente, pasa ser un humano virtual. Una revolución empresarial reciente, acelerada por la COVID.

Mi hermano Antonio, magnífico empresario y mejor persona (al que tanto echo de menos, con lo estupendas que eran las tertulias de los dos sobre la actividad comercial e industrial), tenía un grito de guerra: «Aquí que no falte ni gloria».

Se refería no a despilfarros gravosos, sino a lo fundamental, a estar con los empleados, clientes y proveedores, que no faltase alegría, que no faltase una buena cerveza fría, que hubiese unión, que no faltase nada de lo esencial (otros temas son superfluos, o al menos accesorios) y olvidar penas mientras se está en buena compañía.

Para llegar bien una persona a otra debe mostrar rasgos humanos. Mi hermano Antonio me comentaba: «Pepe, lo que escribes a mí me gusta, pues lo que dices tiene humanidad, lo que dices es humano. Hoy, Pepe, nos vamos humanizando de forma generalizada, cada vez más. Cualquier asunto sin humanidad queda atrás, lo superan los que tienen este factor esencial. La humanidad atrae, la humanidad vende, la humanidad es imparable y hay que impulsarla». ¡Qué pena tan tremenda que lo haya perdido!

Y seguí escribiendo en el crucero, en nuestro camarote, con el ordenador portátil. Escribir no es bueno; entiendo que muchísimos no escriban, ya que roba libertad y te aprisiona, porque te mantiene atado a la silla. Pero también escribir es una manera de ser libre. Estando aprisionado el cuerpo, el alma va volando. La COVID me ha servido para ordenar las notas y que tengan ustedes este libro. Los libros nunca se acaban de escribir, los libros se dejan. Si no los dejas y los das por finalizados son ellos los que te dejan a ti.

Vamos a ello, a que la empresa, que es una suma de muchas personas, actúe como una persona que se ha diseñado y se reinventa cada día, expresando sentimientos que atraigan para lograr su fin, que es crecer, alimentarse, procrear.

Queremos que nuestra empresa sea bella, con una imagen encantadora, que tenga una personalidad fascinante, inteligencia brillante. Es decir, lo que queremos para todos, muchas veces sin éxito.

La inteligencia es una cualidad fundamental para que las personas decidan y actúen de forma razonable. La inteligencia es colectiva, mientras que los talentos son individuales.

La memoria, a veces, convive mal con la creatividad. «El Guadalquivir desemboca en América» es una frase creativa.

La empresa es un vivero ideal para desarrollar ideas, para producir soluciones, para la creatividad, pero hay que hacerlo en equipos amplios en vez de solo. Con muchas incertidumbres y riesgos, con miedos y alegrías, como les ocurre a las personas individualizadas.

El éxito está antes que el trabajo solo en el diccionario. En todo lo demás el éxito viene muy detrás del trabajo. No creo en los iluminados, sí en los estudiosos. Lo malo para ser estudioso es que hay que dedicar muchas horas. Y estudiar, analizar, es trabajar. Es molesto esto de trabajar, no es agradable por lo general, aunque es muy necesario.

Mi padre en algunas ocasiones me comentaba: «Pepe Luis, aprende una cosa: para los negocios todo lo que sea inventar para no trabajar tiene éxito asegurado». Durante años yo pensaba que no era así si había alternativa donde había que trabajar, pero salía más económico. Ya aprendí que hay que buscar soluciones para no trabajar o hacerlo al mínimo. Eso sí, a coste bajo para hacerlo posible. Se puede pensar que es imposible y no lo es.

Mi padre decía con frecuencia: «La vida es un bidón». Nunca llegué a enterarme de qué quería decir. Me imagino un depósito de los de antes, de doscientos litros más o menos, metálico, que había que empujar para que rodara.

La imagen atrae mucho, pero la inteligencia fideliza, o al menos ata un poco en una civilización sin fidelizaciones, salvo excepciones, donde los clientes son por sí mismos totalmente infieles. La fidelidad no existe en los clientes; existen cadenas que esclavizan un poco, aunque también se rompen con facilidad. Esto de poner en valor las empresas en redes sociales, tan de moda ahora, quedará obsoleto en poco tiempo por otras alternativas que se están buscando. Siempre se buscan novedades.

En definitiva, una figura mercantil, una figura jurídica (la empresa), se convierte en humana para comunicarse con más humanos, que son su entorno natural, para integrarse con ellos o bien para comunicarse con otras empresas. La empresa, siempre figura jurídica, da un salto en su desarrollo y se convierte en humana. Una verdadera revolución empresarial. Y con ello las empresas que no sean humanas lo van a tener difícil. Un cambio empresarial tremendo, que ya muchos han iniciado y otros están instalados en el mismo, aunque son los menos.

El ámbito de factor humano en la empresa es amplio, pues abarca a empleados, clientes, proveedores, amigos… La empresa inicia su andadura y comienza a funcionar como un ser humano en todos los ámbitos. O en muchos, porque, lógicamente, son diferentes en algunas cosas.

Cuando veo un anuncio en televisión me dedico a pensar cómo lo han hecho y, sobre todo, el mensaje que nos quieren vender. Ya hoy van casi todos cargados de mensajes a los sentimientos, a lo humano, a despertar en nosotros humanidad, hacer ver que la empresa es humana para estar más vinculados a ella como humanos que somos.

El futuro se construye hoy. Cada día, el futuro, no viene solo. El futuro se construye a diario, se diseña. Esto de que no sabemos qué ocurrirá mañana es mentira. En alta medida, es lo que nos propongamos que ocurra.

Nuestros clientes deben saber que los queremos

Sí, este concepto deben tenerlo claro. No deben tener lugar a duda. Tenemos que ver y estudiar cómo hacerles llegar el mensaje de forma clara y nítida y, de vez en cuando, recordatoria. No somos un proveedor más, son nuestros clientes, a los que queremos. Somos familia no consanguínea.

Es necesario manifestar el cariño, hacerlo ver. La frialdad es mala acompañante. Un abrazo, mirar a los ojos. Esto me lo enseñó mi hermana Mely, el abrazar, que es una asignatura importante. Las personas con las que nos relacionamos deben saber que las queremos. Y al abrazar hemos de unir nuestros cuerpos y palpitar simultáneamente. Simplemente, sentirnos cercanos, sentir que no estamos solos en este mundo.

Mi hermana Mely me enseñó a abrazar no hace tantos años. Ella me dijo que mis abrazos eran breves, distantes, como si hubiese una barrera con la persona abrazada. Eran abrazos protocolarios, no de cariño. Los de cariño deben durar un poco, no ser tan efímeros, y deben ser intensos. No pasa nada. Los abrazos unen corazones, unen ideas. Vinculan. Me dio varias clases prácticas, abrazándola a ella durante unos minutos, y aprendí mucho.

Es necesario que las personas con las que nos relacionamos sepan que las queremos. Somos humanos y el cariño no es un tema para ocultar, sino para manifestarlo. Aunque el virus nos proporciona distanciamiento, esto entiendo que será pasajero y cuando volvamos a los abrazos sin virus contagiaremos cariño y amistad, que es lo que el mundo necesita. Vamos así creando vínculos humanos entre los humanos. Y la humanidad es un arma de venta, evidentemente. Si una persona no quiere acercarse a nosotros y mantener la distancia, ¿haremos negocio con ella? Con los abrazos, con el cariño, con la sensibilidad se crea dimensión empresarial. Hay que espachurrarse el uno con el otro.

Ahora, con la COVID-19, no podemos abrazarnos. Esto tiene sus ventajas para aquellos que no quieran dar un abrazo o bien que no lo hayan dado nunca. De modo que ahora, como tampoco podemos darnos la mano, pues aprovechamos para darnos codazos. Menos mal que la alternativa es cómoda y no es, por ejemplo, chocarnos las cabezas o darnos una patada en la rodilla. De todas formas, cuando esto pase (supongo que pasará) hemos de volver a darnos abrazos y más intensos. Estamos entrando en una nueva etapa un tanto rara y, como no sabemos el nuevo modelo que hemos de construir, se aprecia cierto desconcierto, que muchas veces queremos sacudirnos pensando que son causas que realmente no lo son.

La compra acelera el perdón. Si una persona te compra y te ha hecho una faena, hay que perdonarla rápidamente. No se deben tener manías personales. Si un cliente compra y paga puntualmente, ¿por qué pedirle más? ¿Por qué? Si compra y paga, ¿qué más queremos? ¿No tenemos ya con ello más que suficiente?

Esto de me gusta o no me gusta el cliente, me cae bien o me cae mal... No se trata de casarte con él; simplemente, de que se haga negocio entre ambos, lo cual no tiene nada que ver con otros pareceres. Este cliente me cae bien, este me cae mal porque tiene una mirada aviesa... Vamos a ver, se trata de vender, no de calificar para un concurso de belleza o de estilo. Dejémonos de historias. Además, al final los que te caen bien son los que te crucifican.

Me costó tiempo entender que las empresas no están para ganar dinero

Esto, que hace sonreír, sobre todo a los que no son empresarios, parece que es una barbaridad, pero no lo es. Está claro que una empresa que no da beneficios es una empresa muerta. ¿Pero por qué necesita los beneficios?

Pues en la inmensa mayoría de las empresas los beneficios se utilizan para seguir. Pero las empresas no deben solo subsistir; para asentarse, para sobrevivir largo tiempo, tienen que crecer. Por ello básicamente, en gran medida sus beneficios son para reinvertir. Las empresas crecen y crecen hasta que, casi por lo general, comienzan a caer y caer.

Si una empresa es familiar, evidentemente los accionistas que trabajen en la misma tendrán sus sueldos de acuerdo con su nivel laboral. Si la empresa es mayor al entorno familiar, tendrán que recompensar, aunque sea poco, a los accionistas, sobre todo si se quiere que pongan más dinero. Pero solo lo justo, es decir, un poco más de lo que paga un banco. Es una de las muchas y buenas enseñanzas que he tenido del señor José Moral, un buen maestro.

Si se cobran beneficios y se invierten en otro negocio, ¿para qué? Al final el empresario invierte en lo que está comprometido. Con esto se podrá estar de acuerdo o no, pero es real como la vida misma. Es la pescadilla que se muerde la cola. Las empresas tienen que tomar importancia en su sector, crecer y a procurar ser destacadas, las primeras. Es la tendencia natural, como la vida misma. Como al que está en una carrera de velocidad le gustaría ser el primero en la competición.

Qué cosas digo, ¿verdad? Pues por lo general es así. Es muy diferente a como piensan de las empresas otros actores, tales como instituciones, y empleados.

¿Cuándo se obtiene dinero de una empresa? Pues quizá cuando es vendida a otra. Evidentemente, te quedas sin empresa y seguramente después invertirás en algo que no conoces y lo perderás. ¡Estás condenado a ser empresario y es lo mismo! Donde te has especializado es donde sabes.

Un amigo, hace años, me explicó lo que era un negocio, que es bastante simple. Es una palabra compuesta de dos. Un negocio es, en definitiva, un «no-ocio». Quien piense de otra forma no puede ser empresario. Un empresario debe estar siempre alerta por si el fracaso contiene cosas que enseñarle. En definitiva, el fracaso enseña lo que el éxito oculta.

Lo mejor está por llegar. Ya otra cosa es que llegue o no. Seguramente no.

Por ello, ver a los políticos y leer lo que se lee, como si el empresario solo mirara el dinero y más dinero, es una tontería. El empresario mira y remira su empresa. A mi modo de ver, los políticos deberían pasar por obligación tres años en una empresa, en algún cargo directivo. Es difícil hablar de empresa todos los días y no tener ninguna experiencia en ello.

Es necesario saber dónde queremos ir

Fundamental, básico. Cada persona debe planificar a largo plazo, para toda la existencia. Bueno, después debe llevar a cabo un análisis de vez en cuando para actualizar o efectuar los cambios que puedan corresponder.

Hay que tener objetivos definidos en todos los ámbitos, profesionales y personales, establecer metas a corto plazo y establecer metas a largo plazo. Establecer el modelo. No se puede andar sin saber dónde queremos ir. Es una cuestión que he planteado muchas veces a mis hijos, a mis nietas, a clientes, a algunos amigos.

Con un cliente que se inicia en el negocio mi pregunta es: «¿Dónde quiere usted llegar? ¿Qué metas quiere alcanzar en cinco, diez o quince años?». Se quedan desconcertados y pensando. Casi nadie tiene metas, dicen que no saben lo que pasará. Creo que es más bien comodidad.

Diseñe lo que quiere alcanzar dentro de unos años. Una vez diseñado, estudie y vea cómo alcanzarlo, cómo lograr el objetivo propuesto. Por tanto, los objetivos deben ser alcanzables, no utópicos. Han de ser realistas y posibles.

Lo más cómodo es funcionar sin objetivos, a lo que Dios quiera, a lo que salga, pensando que la planificación es una entelequia.

Señor, ¿dónde va usted si no lo sabe? Esto es lo primero. No creo que sea posible ir a un sitio que no sepas cuál es. Tener objetivos a corto, a medio, a largo plazo es más que fundamental. Es un ejercicio lógico, básico, que sirve para no ir a salto de mata y caminar por una senda concreta, a un punto concreto, en una vida concreta.

Si no sabe dónde va, pues ya es hora de que empiece a hacer este análisis al respecto sobre la marcha, sin perder un minuto. Dígame cuánto tiempo necesita, pero no me dé contestaciones ambiguas como justificación para no tener su plan vital. Conozco a muchos que huyen de hacer planes. Bueno, es su problema. Esto es elemental: saber por dónde caminas en el trayecto por la vida y tener tu proyecto existencial, que de vez en cuando se debe analizar y rectificar en lo que proceda; saber quién te acompaña o quieres que te acompañe y qué escalas vas a hacer.

Se lo digo a mis nietas y no me hacen el menor caso, lo cual me desconsuela. Es un buen consejo. Parece que el malo soy yo haciendo preguntas de este tipo.

Un empresario, evidentemente, tiene que saber lo que quiere, es lo primero. Dónde quiere llevar a su empresa, qué quiere desarrollar, etc. Si no tiene planes, realmente no es un empresario. Es un señor que tiene o ha heredado un negocio, pero lo más probable es que el negocio lo deje a él o que el mismo negocio lo lleve a él. Y no es igual llevar un negocio a que el negocio te lleve. Esto segundo, por lo general, suele ser un camino con mal final, pues como decía un amigo mío que ya no está con nosotros: «Los negocios son menores de edad». Es decir, hay que cuidarlos continuamente.

Vamos a ver, usted es un vendedor. Bien, vamos a sentarnos y explíquese. Hable y hable. Dígame sus proyectos, dígame cuánto quiere vender, dígame, además de este año, cuánto quiere vender dentro de cinco años. Quiero conocer su evolución. Cuénteme su evolución, le voy a dar si quiere unos días para pensarlo. Pero si una vez decantados los conceptos usted me sigue diciendo que no sabe, que depende; si no sabe hacer planes de objetivos concretos, no sirve. Necesitamos ideas claras, objetivos claros.

3. LAS VENTAS

La venta no es un acto, es una consecuencia

No siempre es así, pero sí lo es por lo general. «Salir a vender» es una frase que no entiendo por lo dicho anteriormente, porque la venta no es un acto, es la conclusión de una serie de acciones. Puede que coincidan con la visita que haces o puede que no.

Salir a vender para ver a clientes con los cuales no se tiene contacto y como consecuencia de esa visita vender es una casualidad o un impagado. Y si no se vende, es que «no eres buen vendedor». Esta situación es para llorar de pena ante quien te lo pueda reprochar. No por ti, sino por el reprochador.

«La venta no es un acto, es una consecuencia». Esta frase también es mía. Es una consecuencia del trabajo, de la constancia, de la planificación y de una serie de acciones que se culminan con la misma. Ir a vender a «puerta fría» y vender ya es otra liga diferente. No sé ni cómo denominar esta situación. No lo veo ni venta.

Es una cosa rara que cada día, evidentemente, tiene menos futuro.

Lo mismo que cuando oigo: «Ahora no salgo a vender porque no es el momento de vender este producto». Eso es otra tontería, más grande que un camión. Cuando llega la hora de vender el producto es cuando, probablemente, sea mejor no salir y solo llamar por teléfono para que tu trabajo sea más práctico y tener muchos más contactos. Y cuando no es época de ventas es cuando hay que visitar a los clientes y escucharlos, poner atención a sus inquietudes, dedicándoles el tiempo que necesiten.

En las visitas no debe hablar el vendedor sin parar, es una barbaridad sin sentido. Hay que establecer un diálogo sobre el tema en cuestión y hay que «ponerse en los zapatos del cliente». Tienes que pensar tú como el cliente y no pretender que el cliente piense como tú. Hay que pensar como él, escucharlo y conocer qué piensa y cuáles son sus temas mejorables y, con tus conocimientos, dar solución a esos temas que el cliente tenga en cartera para mejorar.

Lo de ponerse en los zapatos del que escucha se llama empatía, como todos sabemos: hacer preguntas y pensar lo que siente tu interlocutor y pensar que tú eres el interlocutor. El vendedor es, en cierto modo, como un periodista haciendo una entrevista. El vendedor de la entrevista saca conclusiones para la venta; el periodista, para vender su artículo; y tú también otra clase de estas que le vengan siempre bien a tu cliente si quieres seguir haciendo ventas. Y siempre ese es el objetivo.

Las ventas no son un acto, son una consecuencia. De ahí el título de este libro: *Yo no vendo, me compran*. Y no me compran a mí, que soy muy guapo y bueno. Compran a una organización que, evidentemente, yo he de tener la capacidad mental de manejar hábilmente para la consecución de las mejores metas posibles.

Una vez le dije a un conocido que no tenía trabajo que una posible alternativa era dedicarse a vender a comisión. De esto hace muchos años y me contestó: «José Luis, si voy a ver a un cliente a lo mejor no está, por lo cual es un viaje perdido, con el consiguiente gasto. Y si está, probablemente no pueda atenderme. Y si lo encuentro, pues seguro que no me va a comprar, puesto que tendrá sus proveedores y, además, seguro que a precios más bajos. Y si en algún caso llego a venderle, es posible que después no pague».

«Sí, es verdad», le dije yo. Después de oír sus argumentos le contesté: «Es mejor que no pienses en la venta; tienes que dedicarte a otra cosa. Ya me contarás si encuentras alguna».

Evidentemente, con este espíritu más vale ni empezar, porque el partido está perdido de antemano.

Cuando alguien me dice que no sirve para vender me da mucha pena. Todos estamos vendiendo continuamente; si no artículos, sí al menos ideas.

Vender con tu jefe o ir a vender más de dos personas no tiene sentido porque sería como un examen, donde tu jefe se dedica a valorar cómo actúas tú ante el cliente. Y esa situación es, al menos, tensa y desagradable. La venta no se trata de un examen, sino de la recolección de unos resultados. Además, la venta es un acto íntimo, entre dos personas. Si metes a un grupo de vendedores con un comprador o al contrario, un grupo de compradores con un vendedor, yo al menos huyo de ello, me parece perder el tiempo y tienes muchas posibilidades de salir frustrado. Tengo experiencia en estos casos.

La venta es un acto íntimo; es un acto sin jueces ni valoradores, que quitan, obviamente, sinceridad; es un acto entre un cliente y un vendedor. Ir a vender en grupos de tres o cuatro personas es, además de un despilfarro, una barbaridad. Es un atropello. Otra cosa es una mera visita de cortesía, sin hablar de negocios, de un grupo más o menos numeroso, pero sin hablar de posibles ventas e indicando: «Ya me pasaré solo».

Para mí, un cliente lo es para siempre. Salvo que fallezca, naturalmente. Piensa así. No se trata de dar un pelotazo esporádico, se trata de tener un amigo para toda la vida. Ellos serán los que te harán publicidad para que comprarte a ti (es decir, que tú les vendas) sea una bendición. Los practicantes de pelotazos al poco tiempo se quedan solos, no encuentran más personas a las que atropellar. El cliente debe ser nuestro mejor vendedor. Los clientes, al salir, hay que procurar que lo hagan con una sonrisa, no con una preocupación. Somos una compañía muy divertida.

Nunca irás a «pillar» al cliente ni tratarás de que su compra sea consecuencia de sus propias contradicciones. Un cliente es un tema muy serio y que no perdona jamás. Está claro que te dejará al día siguiente, probablemente, pero tú debes tener claro que lo quieres captar de por vida. Así conseguirás además cierto cartel, que te abrirá las puertas de clientes un tanto inaccesibles. Tú solo vendes aquello que el cliente quiere y le es interesante y rentable. Al cliente no se le debe engañar nunca; te quedas sin cliente y ya tampoco será un vendedor tuyo.

Los sentidos son el camino más rápido para llegar al corazón. Llegando al corazón, falta ya muy poco para culminarla la venta, solo un buen remate, oportuno y adecuado. Remate que nunca debes dejar para el día siguiente, porque si lo haces tienes una alta probabilidad de no hacer la venta. Debes apurar a tope para cerrar la operación. Si la dejas en el aire, piensa que en el 80 o 90 por ciento de los casos la tienes perdida. Es «aquí te pillo y aquí te mato» siempre que puedas, sin presión y elegantemente.

En definitiva, la relación con un cliente es una relación de pareja. «La venta es un acto sexual sin sexo». Esta es también una frase mía (muy exitosa, por cierto, modestia aparte), que recomiendo anotarla y no olvidarse de ella.

Existe el efecto contagio. Es cuando un cliente contagia a otro para que compre a un proveedor como tú. Es lo que se llamaba el boca a boca, de ahí su contagio. Es un virus sin mala leche.

Todos vendemos

De vez en cuando alguno me ha dicho: «Yo no sirvo para vender» y me he quedado en blanco. Es una frase que no entiendo. «Si no sirve usted para vender, ¿para qué sirve?». Si no sirve para vender, probablemente sirva para muy poco y realmente lo más interesante sea recluirse en un convento, sin contacto con el mundo.

Vamos a ver, la vida es una pura venta, es así. Es absurda esta contestación de no servir para vender, no tiene sentido. Es una tontería decir esto, con todos mis respetos y sin querer molestar a nadie. Todos estamos vendiendo desde que nos levantamos, vendemos ideas.

La persona que recoge las llamadas por teléfono vende más que nadie: vende amabilidad, vende imagen de empresa, vende empresa (aunque con los móviles esta figura haya desaparecido y haya sido sustituida en muchos casos por contestaciones enlatadas y repugnantes). La persona que trabaja en una fábrica vende orden, vende falta de contaminación, vende seguridad, vende calidad del producto. La persona que trabaja en administración vende llevar las cuentas sobre la marcha, la fiabilidad, el control, vende el llevar bien las finanzas de la empresa. El equipo de desarrollos informáticos está anticipando la evolución futura, vende futuro y resuelve presente. En I+D+i desarrollan nuevos productos para venderlos la empresa.

Así que, si todos vendemos, el comercial NO VENDE, LE COMPRAN. Esto, literalmente, parece que no es así, pero sí es que se le faciliten más que mucho las relaciones con el cliente, dándole una cobertura en productos, calidad, servicios, comunicaciones. En definitiva, es la estructura en alta medida la que vende y una parte destacable es el vendedor, que es el rematador final.

He conocido a vendedores que pensaban de sí mismos que eran el Cristiano Ronaldo de la venta y se cambiaron de empresa, buscando mejoras de estrella, pero en la coyuntura del cambio fracasaron. Ellos eran los mismos, pero la empresa era de las que no vendían, más bien repelía. La venta no es cuestión de un individuo, sino del carácter de toda la empresa, del ADN de esta. Evidentemente, fracasaron.

Sin quitar ningún mérito a la figura esencial del delegado de ventas, figura capital en la empresa en mis tiempos de S. A. Cros, hace ya muchos años, siempre decía yo que en el magnífico e impresionante edificio de la central en Barcelona (paseo de Gracia, 56) debería haber, en el centro del colosal *hall* de entrada, con una altura de tres pisos, un monumento a «su majestad el vendedor». Eran unos tiempos, desde luego, donde posiblemente primaba la producción más que la propia venta. Mensualmente iba a Barcelona y antes de entrar en el edificio del paseo de Gracia (cuyas oficinas tenían ocho o nueve plantas, más una superior para el presidente, que ocupaba raramente) me quedaba en la acera de enfrente, admirando la majestuosidad del inmueble.

Hoy hablar de qué área de la empresa es más importante es como decir que el hecho de que falte una pierna es menos grave que la ausencia de un brazo, por ejemplo. No tiene sentido. Ya don José Moral me lo explicó un día: «José Luis, no se puede comparar lo que no es medible físicamente. No entres en ese juego nunca. Solo compara lo que es medible, lo demás es un sinsentido. Por ello no hay amores mayores que otros y cosas así. ¿Tú quieres más a papá o a mamá?». El niño debería contestar: «No se ha desarrollado aún un sistema de medida para evaluar estas cosas». Con el tiempo es posible que haya un medidor de sentimientos, quién sabe.

Cada uno tiene su papel en la empresa y todos forman parte del cuerpo de esta, del hacer, de la personalidad. Y no conviene que en la empresa sean todos estrellas. Es muy aburrido y es malo para dicha empresa. Los normales también cumplimos nuestro papel. Y los que tienen otros problemas. Es bueno que en la empresa haya variedad, porque la empresa es como una parte de la sociedad y debe haber de todo.

Yo intenté una vez que todos los integrantes de la empresa vendieran haciendo ventas como tales de producto terminado. Me refiero a hacer pedidos a rematar. Desde luego, no me fue bien, pero sí hubo una cosa buena: que detecté entre todos a posibles nuevos vendedores que estaban un tanto en la trastienda y nadie lo sabía. Y otros que estaban de vendedores y que jamás venderían. Hay vendedores que jamás venderán.

La venta es la consecuencia natural de una organización planeada, prevista y estudiada para vender y estar en el mercado. Lo otro, lo de la venta puntual y esporádica en un momento dado de un artículo dado, es lo que se llama «dar el pelotazo». Dar el pelotazo es lo propio de los que no saben ya no jugar la liga al completo, sino ni un solo partido, y quedan a la espera de que les llegue un balón para alcanzar un minuto de gloria. Esto no es cosa de un acto puntual, es consecuencia de un trabajo de planificación, de unos protocolos empresariales, de una constancia en los mismos. La venta no es un acto, es una consecuencia y el cliente tiene que quedar prendado de la empresa para toda la vida. Ese es el objetivo.

Hoy día hemos de tratar a todos (clientes, proveedores, compañeros) no como socios ni como compañeros o como personas a las que les que queremos vender, lo cual se nota mucho y no es bueno. Sencillamente, la evolución del mundo hace que de momento, hasta que no se invente otra cosa, hemos de tratar a todos como a príncipes. Es cosa simplemente de hacerlo, cuesta el mismo trabajo. No se pueden hacer distinciones sociales; todos somos príncipes de uno mismo. Además, tratar a todo el mundo como a príncipes no es más caro ni más gasto, pero sí más rentable.

Eso sí, hay que seguir las normas (o los protocolos, como les llaman ahora). El que no las siga, realmente no puede estar integrando el cuerpo de la empresa, que requiere que cada uno cumpla sus funciones para poder así la empresa cumplir las suyas. Si no cumples los protocolos y no pasa nada, animas a los demás a hacer lo mismo; en definitiva, no sirves para el equipo y tenemos que hacer que te vayas para incorporarte a otro equipo que valore tus cualidades y donde te deseamos que triunfes.

Debemos tener retos y cumplirlos, superarlos, considerar a la empresa como un acto deportivo, donde no se va a sufrir ni a cumplir, sino a participar, que es una forma de realizarse humanamente con el equipo. En definitiva, dicho así, a lo bruto, estamos en una guerra entre empresas. Todas quieren crecer y normalmente no es posible porque el mercado es limitado. La competencia es dura. Ha de ser así y no debe asustarnos, porque la competencia solo asusta a los incompetentes y fortalece y enseña a las almas fuertes, que son las que sobreviven y triunfan. En definitiva, la vida es un recorrido de alta resistencia, donde el más «burro» (quiero decir el más resistente) es el que gana. Los que solo andan diez metros y quedan destrozados no tienen nada que hacer en las carreras muy largas, carreras de cuarenta o cincuenta años de trabajo.

Esto de que la incompetencia solo asusta a los incompetentes no es verdad, pero es una frase muy bonita, con la que se queda muy bien. Hay que hacerse muy amigo de la competencia; es la forma de conocerla mejor y que te sirva, a ser posible, para aniquilarla.

Lo que no debes hacer en una empresa es subestimar a la competencia. No hay enemigo pequeño. Además, el que hoy es pequeño dentro de no mucho puede ser muy grande y el grande lo más seguro es que pase a pequeño, si es que no cierra antes.

Tampoco, ni mucho menos, debes asustarte con la competencia. En la mayoría de las ocasiones no es tan temible como te cuentan. Es recomendable buscar sus puntos débiles, su talón de Aquiles, y derrotarla. Esto es una guerra y tú y yo está claro que seremos los ganadores.

En esta guerra (llamemos a las cosas por su nombre) hay muchos que no sobreviven. No es que se mueran, pero desaparecen del mapa, nadie sabe dónde están, se han esfumado, se han perdido del mundo. Es como si no existieran. Los fracasados se olvidan; a los buenos no se les olvida. Dejaron algo o se les olvida menos. Al final ninguno somos nada.

Si usted quiere vivir comodito y sin grandes problemas, búsquese otro trabajo que sea sencillo, en el que solo se trabaje por las mañanas para dejarle reposar después de comer, en el que no se le interrumpa mucho. Como eso no suele haberlo, usted seguirá en la empresa, complicando la vida a la misma.

Un señor vino a verme para pedir trabajo hace años. Era de carrera universitaria superior y me definió lo que él quería, que en definitiva era simple: trabajar solo por las mañanas, pero sin tener que madrugar mucho, en un puesto donde pudiese trabajar tranquilo, sin presiones, que no fuese de venta y que no se estuviese muy pendiente de él de forma continua.

Cuando terminó de hablar yo le dije: «Pues mira, yo te ruego que cuando lo encuentres, si hubiese opción de que en vez de un puesto hicieran falta dos, por favor me llamas, pues me interesa muchísimo dicho trabajo».

Si a usted no le gusta vender, no entre en mi grupo. Hacer una venta es sufrir y después algunas veces, como recompensa, tocar el cielo. Si no le gusta afrontar el sufrimiento, no venda.

Yo con esto de la «selección de personal» soy un escéptico. Me refiero a personas que hacen magistrales entrevistas y de las mismas ya deducen claramente cuáles son las personas válidas o menos válidas y, con este don inteligente que Dios le dio, seleccionan al mejor personal posible de este mundo mundial. ¡Ole! Pero yo no me lo creo. Si aciertan es por casualidad, como nos ocurre a todos.

Mire usted, eso es una película de indios, un cuento. Lo he visto durante décadas. Es como si conoces a tu pareja y en media hora o una hora deduces cómo te irá toda la vida con ella. No creo en ello para nada.

Sí creo en ir viendo y observando a lo largo del tiempo a personas de otras empresas, su quehacer cotidiano en la empresa, para en un momento dado que sea necesario ese puesto para la tuya ir a procurar contratarlos, cosa un tanto difícil; o bien esperar a que tengan algún problema en su empresa y tú contratarlos aunque no te hagan falta en ese momento, pero sí a corto plazo. Porque a los buenos no se les debe dejar ir. Si no son demasiado caros, obviamente.

Algunas veces, por amistad o porque te lo ha contado alguien, piensas que una persona es un magnífico vendedor y después es un fracaso rotundo. Aquí no vale lo que te cuenten, cada uno va a su bola. Aquí el estudio y la decisión debes hacerlos tú. Es bueno tener claro que delegando tienes muchas más opciones de equivocarte, pero claro, es indispensable. No hay tiempo para todo y más vale actuar que dejarlo pendiente para la otra vida. Olvídate de delegar todo y vivir comodito, es una tontería pensar esto. Delegarás y sufrirás. Te pongas como te pongas, el toro te va a pillar.

Lo peor de todo son las guerras entre empresas, está claro, donde algunos emplean malas artes y zancadillas, quizá porque saben que de frente pierden. Lo importante no es ganar una batalla, sino ganar en la guerra. En fin, yo en las zancadillas tengo claro que no debemos actuar con mala intención, pero si es el enemigo quien te declara la guerra, evidentemente, tienes que afrontarla y derrotarlo. Buscando armas legales, desde luego, pero ganando la contienda por muy grande que sea. Porque no vas a permitir que te arrollen. Seguro que tú puedes ganar el combate.

Dicen que la competencia es bueno que exista. Me parece que decir eso es de una desfachatez impresionante. Esto es una guerra comercial y queremos liquidar al enemigo, pero no podemos y puede ganar el más fuerte o no. El más fuerte es lo más frecuente, pero hay alguien que le gana al fuerte: el ágil. Hay que buscar otras armas de guerra. El más estratega es el mejor, no el más grande. Muchas veces lo que ocurre es que el grande compra a su pequeño enemigo, lo cual puede ser un buen negocio para el mismo, para los dos. Un buen negocio es el que deja a ambas partes satisfechas, no solo a una. Es decir, es una acción que beneficia a ambas partes.

La competencia no nos deja vivir; por tanto, no podemos ser buenos con ella.

En otras ocasiones he visto que la pequeña empresa, ante el temor de una grande que se implanta en un lugar cercano y puede hacerle la competencia, lo que hace es cerrar ante una batalla que considera perdida. Yo no soy de esa opinión cómoda y cobarde. Las cosas no son así ni mucho menos.

Ojo, no te revoluciones pensando que «días de mucho son vísperas de nada». Los refranes son implacables en muchas ocasiones. No les hagas caso a los refranes. Hazlo con los que te vengan bien, pero que tus decisiones no estén influidas por el hecho de que conoces un refrán concreto al respecto. ¡Hasta ahí podríamos llegar!

Toma nota de lo que prometas para que no se te olvide y cúmplelo. Si no es así, no debes creer que al que se lo has prometido se le ha olvidado. A lo mejor sí, pero te ha puesto en la lista de incumplidores, lo que hará que tus ventas al mismo te sean bastante complicadas. Seas vendedor o no, sé cumplidor.

Lo que digas cúmplelo y si tienes dudas no digas nada. El prometer como excusa para de momento quedar bien es un error, porque a la segunda no se te perdona y dirán de ti que eres, sencillamente, un incumplidor. ¿Y cómo voy a comprar a un incumplidor? Pues no lo haré, salvo que me ofrezca una ganga. Has pasado al grupo de los no fiables. Pero si cumples tus promesas pasarás al grupo de los buenos, de los que ganan al final de la película. Esto no es para vendedores, es en general. Por muy guapo o guapa que seas, si incumples no llegarás lejos. Si no, al tiempo. Ya me contarás. Yo a todos los incumplidores que he conocido se los ha tragado el olvido, desaparecieron del mercado. No sé dónde están, se los tragó el mundo.

Hay quien habla y habla y, sin conocerte, promete y promete. Toma nota de sus promesas y cuando acabe se las lees y le dices que estarás pendiente de ellas, que las anotas en tu agenda para saber si es del grupo de los cumplidores y tenerlo clasificado. Si no está en el grupo de los buenos está, sin duda, en el de los cantamañanas.

El miedo a equivocarse

Las almas inseguras piden permiso para todo. Así no se equivocan; se equivoca el que les ha dado el permiso. Ellos no saben nada, nunca saben nada. No se equivocan nunca. Siempre triunfan o, al menos, eso creen ellos. Realmente no conocen el éxito, son fracasados existenciales. Pero se equivocan, porque los que no toman decisiones para no equivocarse el día que toman alguna tienen bastantes opciones de equivocarse, sencillamente porque no tienen práctica en la toma de decisiones.

Estos harán poco. No formar parte de la toma de decisiones es un error. La postura valiente es que más vale pedir perdón que pedir permiso, dentro de la horquilla que se vea que entra en el terreno de la coherencia y la lógica. Pedir permiso en algo que sabes que no vas a conseguir es una tontería. Hay que estudiar la forma de alcanzar el éxito.

Evidentemente, en temas asumibles, dentro de un marco que cada uno tenemos y que sabemos, hay que tomar decisiones a no ser que no queramos saberlo. Ese ya es otro tema.

Los que no toman decisiones son los cobardes de la pradera. No digo que haya que ser suicidas (Dios nos libre), sino que hemos de tomar las decisiones propias de nuestro rango. Los que piden permiso para todo valen para poco. Lo que no quieren es acumular errores para después ser despedidos, o al menos eso piensan. No quieren asumir riesgos, quieren estar comoditos, tranquilitos, no complicarse, vivir como meros bichitos.

Las empresas quieren a los que toman decisiones y huyen de los irresolutos e indecisos, que ya hay demasiados en el mundo. Ojo, decisiones atrevidas, pero sin pasarse y sabiendo muy bien lo que se hace en cada momento.

Me detengo ahora en los vendedores que no informan, esos que todo lo guardan para ellos, que no dan información a la empresa porque entienden que esos conocimientos son su patrimonio, su tesoro, y no se lo quieren «dar a la empresa», que las fichas de clientes no las rellenan, que te hablan de lo mucho que trabajan, pero sin ofrecer detalles. «He visto a muchísimos clientes», dicen sin dar nombres, apellidos ni contenidos. Son los que dicen que están muy relacionados, pero siempre que hablan lo hacen solo de tres o cuatro (porque no tienen más, evidentemente), los que dicen que los clientes «son suyos» y que compran «porque es a ellos», los que no hacen informes porque «no tienen tiempo».

Este tipo de vendedores lo mejor es prescindir de ellos, es mejor que se vayan con la competencia. Seguro que allí serán felices y comprendidos. Déjalos libres, no interesan a la empresa. Hay otros que valen más que ellos y, además, hacen sus informes.

Cómo llegar al cliente

Pues no sé, quizá llamándolo por teléfono. Esto es una tontería, propia quizá de los obsoletos manuales de venta americanos de hace ya varias décadas. En fin, se trata de establecer una relación. ¿Cómo se hace? Pues mire, según el caso. Eso sí, con alguna valentía. Por lo general, los clientes no muerden, salvo excepciones.

Generalmente, un sistema que da buenos resultados es enviar previamente varios correos electrónicos meramente informativos o wasaps de temas que supones que son del interés del futuro cliente. Después de ello, una llamada corta a él o a su secretaria solicitando una cita de diez minutos para asuntos que estimas que pueden ser de su interés. Asuntos que, lógicamente, debes preparar cuidadosamente, de forma concreta y resumida y, evidentemente, haciendo un seguimiento. Esto es una «cacería», no con escopeta, sino con bolígrafo.

Busca la belleza en la imperfección, que la hay y muy destacada. La belleza absoluta no existe; si le sobra por un lado, le falta por otro.

Hay que ir directo, con cortesía y ganándote previamente a los que rodean al cliente objetivo a través, en lo posible, de amigos mutuos cuando tengas claro que realmente son amigos del posible cliente. Si no te hace mucho caso, no te preocupes. Es que no es tan inteligente como tú y tardará un poco en darse cuenta de que tú eres el número uno.

En esta tarea hay que tener mucho arrojo. Hay muchos que descalifican de forma sistemática a todos aquellos que no han tenido la osadía de conectar con ellos o que, sencillamente, siempre los han ignorado. Entonces el vendedor crea unos perfiles de posibles clientes que no son la realidad y que realmente les separan de ellos. Eso no puede ser, hay que conocer al mercado ampliamente y muchas veces la competencia se convierte en un buen cliente. Es mucho más fácil para el vendedor ir siempre a los mismos, que suelen ser amigos o de intensa relación; y al resto, que le parecen un tanto más inaccesibles, sencillamente obviarlos, buscando el vendedor su comodidad.

No consideres a la competencia un enemigo. Visítalos y véndeles, te será fácil. Están locos por que te vayas, aunque te digan que no. Véndeles un poco. Desde luego, no confíes en ellos. Se trata solamente de conocerlos mejor para saber dónde son más vulnerables.

Algunas cosas de la venta

Hay que buscar la simplicidad, la comodidad. Los productos de futuro son los que simplifican y automatizan. Todo lo que sirva para no trabajar tiene mucho futuro.

Igualmente, todo lo que sirva para no pensar y sea comodito tiene un porvenir brillante. En la vida se trata de no dar un palo al agua.

Esto está muy claro, observen a su alrededor. Un tema puede ser más barato, pero si esto hace que el comprador tenga que trabajar y complicarse la vida, pues tiene una trayectoria muy corta. Esto es así. Lo que se venda tiene que ser para que el que compra trabaje menos, le simplifique las cosas. Solo queremos pulsar un botón y que todo funcione y con la condición de que el botón no sea muy duro, que sea blandito y sea fácil pulsarlo. No pretenda vender algo que haga trabajar al cliente, no tiene sentido. Salvo temas de entretenimiento, obviamente. Además, que el producto sea barato, porque si usted no se lo suministra, otro lo hará y lo venderá.

Evidentemente, no se enfrente al mundo. Venda según corrientes de pensamiento.

No deje de vender nunca. Tenga en cuenta, por ejemplo, que la jubilación es la antesala de la muerte. Yo hasta ahora la considero unas vacaciones permanentes.

Dejar de vender es convertirse en un muerto prematuro, un muerto mental. Siempre hay algo que vender: ideas, proyectos, conferencias... A vender, vender y vender, que no quiere decir ni mucho menos ganar y ganar. Esto último más bien es una utopía. Ganar mucho es un ideal, no una realidad. Si en un momento dado gana bastante, guárdelo porque dentro de poco vendrá una incidencia no sabemos de qué tipo, una incidencia inesperada, y lo perderá. Si gana alguna vez algo de más guárdelo, pues tendrá muchas ocasiones de ganar de menos y lo va a necesitar.

Si tiene un negocio para «ganar dinero», será un frustrado permanente. Se trabaja para vivir dignamente, sin chorradas, y para que el negocio crezca en lo posible.

La situación de que el vendedor pueda estar siempre cabreado (aunque no lo manifieste), pues tampoco es tan mala. Se puede ser feliz estando cabreado y disfrutar de la felicidad del cabreo. Pero siendo feliz como norma no se es feliz, puesto que la felicidad no es un estado, es un momento.

Buscar la felicidad está bien, pero es una utopía llegar a la misma, dígase lo que se diga. Como me decía mi jefe en S. A. Cros, Alejandro Viñas (tengo entrañables amigos catalanes), que muy lamentablemente se fue de este mundo de forma rapidísima: «Para ser feliz tienes que ser como Heidi y Marco, es decir, vivir allá en las nubes y rodeado de cabritos. Todo el que pise el mundo, viendo lo que hay, tiene difícil ser feliz si tiene algo de sensatez».

Mi buen amigo y maestro Alejandro Viñas falleció de pronto, le dio un infarto. Fui a Barcelona a su funeral. Además de jefe, era un grandísimo amigo, al cual admiraba. Estamos hablando de hace más de treinta años. Posteriormente, ya en otra empresa, mis jefes eran el presidente, señor Juan Romero Ruiz, y el vicepresidente, don Joaquín Romero Ruiz. A los dos los considero amigos apreciados y respetados. De ambos obtuve muchas enseñanzas.

Dejemos las utopías y, en lo posible, procuremos pasarlo bien con el intenso trabajo, los altibajos, los problemas cotidianos, las venturas y desventuras. Deben servirnos de estímulo y no de destrucción.

Disfrutemos en lo que podamos con los disgustos, o al menos que no nos duelan demasiado. La vida es así, hemos de entenderla. Es la que hay. Comprender la vida como forma de afrontarla con naturalidad. Yo estoy ahora explicando una cosa que no he hecho, pues me he tomado las cosas (no todas, pero sí muchísimas) muy a fondo, demasiado, y realmente me han dejado hecho polvo. Ya tarde, estoy intentando recuperarme. Eso ha ocurrido no en un momento, sino en toda mi vida laboral. He logrado subsistir.

El vendedor tiene que estar muy preparado en los temas del sector en el que trabaja. Muchas veces he escuchado: «Es un magnífico vendedor, es capaz de vender cualquier cosa». Me ha parecido siempre una tontería tan grande como la catedral de Burgos. Lo mismo que me parece una tontería el vendedor que lo que hace es dar un recital de sus amplios conocimientos, según él mismo piensa que tiene.

¿Cómo vas a vender si no sabes lo que vendes? No tiene sentido alguno. Sí tiene mucho sentido saber de lo que vendes mucho más que tu cliente. Tienes que escuchar al cliente y saber lo que él mismo sabe y después, cuando ya sepas lo que él sabe, explicarle lo que él no sabe para que él sepa que tú aportas mejoras en sus conocimientos y gestión.

«He ido a vender a fulano, que sabe muchísimo más que yo, y me ha explicado que…». Por favor, qué tontería. Lo correcto es: «He ido a ver a fulano, que es un magnífico gestor, y del tema de mi competencia le he explicado cómo mejorar sus resultados y se ha quedado muy satisfecho, tomando notas». Aunque evidentemente el vendedor, como cualquiera, está aprendiendo siempre. Terminamos de aprender al morir. La vida es un entrenamiento continuo.

Esto de «llegas hoy y ponte a vender mañana y por la tarde me dices los pedidos que has hecho» realmente creo que no habla mal del vendedor, sino que lo que viene a decir es que el que así procede no sabe de dirección y supervisión empresarial. No va a conseguir nada, solo defraudar y crear dolores injustos de cabeza al supervisado, que además apreciará que quien le dirige no razona adecuadamente. La vida es así.

Yo soy de los que piensan que los cursos de formación están bien porque se oyen algunas cosas interesantes de las que conviene tomar nota. Por lo general, están muy bien preparados, son amenos y distraídos, pero aprender lo veo más que difícil. No obstante, de vez en cuando conviene asistir, porque así además estableces nuevas relaciones comerciales en dichos cursos.

Pero para el vendedor que quiera formarse no es ese el camino más acertado. El camino es mesa, silla, estudio, trabajo, análisis, muchas visitas y contactos. Dejémonos de que nos lo den todo hecho y nosotros no tengamos que hacer nada, solo escuchar en un curso de formación que a veces ni forma ni deforma, solo entretiene o, lo que es peor, aburre. Entonces al curso lo llamamos malo. Respecto a los cursos, de vez en cuando uno no está mal, pero, por favor, se han de tomar notas para leer posteriormente alguna que otra vez. Si no, como mucho, lo que quedará en todo caso será: «Fue muy interesante, hablaba el ponente muy bien», pero no te acordarás de nada.

Otra cosa es asistir a una conferencia, ponencia o congreso de personas y temas muy preparados que a ti sepas que te vienen muy bien. En cuanto a la formación de la venta, no echemos culpa a la empresa de que no ha enseñado a sus vendedores y, por tanto, el vendedor se disculpa diciendo que la culpa no es suya, sino que es de la empresa.

El vendedor es el responsable de su propia formación, el que debe decir y reclamar de forma concreta lo que necesita. A mí lo que he pedido en toda mi vida para aprender, cuando he necesitado ayuda, nadie me lo ha negado. Generalmente, todos los jefes aprueban los planes concretos que el empleado propone para ser más eficaz. ¡Qué menos! Lo que también ocurre es que hay vendedores que piden chorradas imposibles que saben que no van a tener o generalizaciones indefinidas, pero con ello al menos dejan su conciencia tranquila en el sentido de que si no venden es porque la empresa no les ha dado aquello que ellos necesitan. Si la empresa se lo hubiese podido dar, no les hubiese servido para nada y habrían reclamado alguna otra cosa imposible.

«Vender es convencer, para convencer hay que estar convencido y el convencimiento es una consecuencia del conocimiento». Esta es una frase muy antigua, de las que no se me olvidan y que le gusta mucho a mi exvicepresidente don Joaquín Romero. La he utilizado muchísimo y de forma exitosa. Es evidente que para vender hay que estar convencido de que lo que vendes es muy adecuado y que este convencimiento lo tienes porque el producto o servicio lo conoces muy a fondo.

Ya con este conocimiento de que lo que vendes es bueno y útil transfieres esta idea al posible comprador, se la explicas y lo convences. Si no convences tú, es porque tú no estás convencido. Y el convencimiento es consecuencia de un amplio conocimiento. Lo que no puedes es dedicarte a vender algo que a ti no te guste, o bien algo de lo que no conozcas a fondo todas sus ventajas, su utilización, sus detalles, etc. Si lo que vas a vender esto no lo cumple, dedícate a vender otra cosa que cumpla los requisitos y de la que te enamores.

Tengo otra frase que utilizo mucho: «El especialista es aquel que sabe cada vez más y más de menos y menos hasta que sabe casi todo de casi nada». Hoy el mundo, como es tan variado, necesita especialistas en cada tema, que son los que por su alto conocimiento de un asunto concreto te lo pueden resolver.

Esto de que «es un buen vendedor y lo mismo vende una cosa que otra» es un tema ya caducado en el mundo moderno de especialistas.

Me gustan las ventas con silencios

Para comunicarse no hay que hablar mucho. Hay vendedores que hablan y hablan y vuelven a hablar. Esto es más cómodo para el comprador; así el comprador no tiene nada que hacer, no tiene ni que pensar y además, por lo general, se distrae, o bien se aburre, que es peor. Y si van dos a vender y uno habla mucho, el otro se calla. No porque esté de acuerdo, sino simplemente por educación. Esto ya es el acabose. Entonces el acompañante, como no tiene nada que hacer, solamente sonríe sin sentido, lo cual, evidentemente, mata una posible venta.

Simplemente hay que comunicarse, hay que conectar con el cliente. Hablar y hablar y hablar no es convencer. Las ventas son diálogo, las ventas son reflexiones, las ventas son evaluaciones. Hay que dejar pensar, hay que dar tiempo para reflexionar. Hay que mirar a la cara y hablar también con los ojos y con las manos. Se habla mucho con los silencios. Manejar los silencios es un arte muy productivo, que necesita experiencia y psicología. Manejar para que no parezca que la conversación ha acabado, sino todo lo contrario. Los silencios hablan.

Hay que saber guardar silencio, hay que saber leer en los ojos y hay que hacer preguntas oportunas y dejar hablar para aprender tú y saber cómo actuar. Después solo hay que escribir las conclusiones de la visita. Es un hecho trascendental y no puedes olvidarla; para ello, hay que escribirla. Por eso la venta es cosa de dos. Un invitado a ella que no esté en la onda es sencillamente un estorbo, que además te va a dar lecciones de un tema con el que él seguro que no va a estar de acuerdo, porque no ha captado la comunicación psicológica debidamente. Tú no necesitas árbitros ni evaluadores, solo necesitas saber vender y esto lo sabes solo tú. Solo necesitas dar resultados con tu arte.

Esto es muy antiguo, de hace muchos, muchísimos años, tantos que lo peces aún no nadaban. Desde aquellos tiempos se sabe de los silencios mágicos. No hay nada más bonito que los silencios oportunos. Es comunicarse sin hablar, lo cual es un acto sublime.

En cuanto a hacer muchas preguntas, tienes que preguntar en su momento y lo justo para que el cliente hable y te cuente, para que tú lo entiendas, sepas lo que piensa y puedas darle soluciones a lo que necesita.

El cliente necesita que tú le enseñes. El cliente tiene que aprender contigo que lo que va a comprar le va a ser muy útil.

Un arma poderosa: la sinceridad

No dejo esta historia, no la dejo en el tintero ni mucho menos:

Cuentan que en la antigua Roma, en la Roma de los césares, los jardines del atrio de sus mansiones los decoraban con algunas esculturas y situaban fuentes para darles más realce a los mismos.

Cuando el romano de turno compraba una escultura, las que eran perfectas tenían un precio más alto que aquellas en las que se le había ido la mano al escultor con la gubia y tenían fisuras.

Entonces, aunque que se sepa que no había protocolos de fabricación ni normas ISO, había desaprensivos que las oquedades, las fisuras, las rellenaban con ceras duras para que no se viesen, para que todo fuese perfecto.

Situadas las esculturas al aire libre, con el tiempo y el agua de lluvia aparecían de nuevo las fisuras. Por ello se dictó una norma que marcaba que en la parte de abajo las esculturas tuviesen un sello grabado en un círculo que pusiese: «Sin cera». De aquí proviene la palabra sinceridad. ¿A que es bonito?

Pues bonita es la sinceridad. Un cliente si tiene fe en que el proveedor no le va a engañar es un plus fantástico. La sinceridad es un arma de ventas clara y nítida. Defraudar es imperdonable, es raro que se te olvide. Queda uno escarmentado de las malas experiencias. Si no dices la verdad una vez, el cliente lo sabrá y cuando hable contigo estará alerta, con la escopeta cargada, y no te comprará a no ser que le sea muy necesario o alguna cosa por el estilo. La confianza es como una cerilla ardiendo: si se apaga, ya no se vuelve a encender. Siempre estará más que alerta.

La sinceridad realmente lo que ocurre es que ha formado parte de un buen *marketing*. Tienes que procurar que lo que vendes sea práctico al cliente. Evidentemente, no puedes ser tan tonto que entiendas por sincero el decir cosas que no se te han preguntado y que pueden chafar una venta «hecha». No se trata de ocultar nada, solamente de ser sincero en lo que el cliente debe saber para que lo que compra le sea útil y práctico. Y ha de ser así.

Cuando yo era casi un niño iba en la moto con carné para menores de edad, con autorización paterna, y en la calle Toronjo de Antequera se me abalanzó un perro que me dio un buen mordisco en la pierna y salió huyendo. Me pusieron las inyecciones antirrábicas, en aquellos tiempos en la barriga. Fueron muchas y muy dolorosas. Yo, por ello y otras cosas, no soy amigo de las mascotas. No es que las odie; sencillamente, no son santo de mi devoción precisamente. Aparte de que veo que no son rentables y aprisionan. Una obligación sin causa, no le veo mucho sentido. Si quieres ayudar al prójimo hay muchas formas. Y primero a los humanos.

En cuanto al engaño, que es mezquino y ruin, pues todo lo contrario: quizá me engañes una vez, pero no más. Nosotros queremos clientes para toda la vida, para esta vida y para la otra vida, si la hay, y allí en el cielo aprovechar para venderles algo.

Yo, concretamente, no he querido finalizar operaciones porque le he aconsejado al cliente que no lo haga cuando el producto que iba a comprar sabía que no era el adecuado para sus necesidades. Y hablamos de volúmenes importantes. El cliente quería comprar y yo, como vendedor, se lo desaconsejé y se perdió la venta. Cuando se marchó me dije a mí mismo: «¡Qué tonto he sido! Ha venido a comprar y yo le he "desvendido", lo he desanimado». Pero en estos casos, cuando pasa el tiempo, por lo general el cliente lo has ganado, porque has ganado su confianza. Aunque es verdad que hay desagradecidos de los que ni aun así te ganas su confianza, pero sí al menos con estos actos ganas la tuya. Has perdido de forma estúpida una venta, eso sí. Ahora bien, esa pérdida no es estúpida y has ganado confianza en ti mismo como magnífico vendedor, que lo eres, y seguro que triunfas. No pienses en el resultado puntual de una venta, piensa en el resultado de tu gestión mes a mes, que es cuando cobras, para reportar a la empresa mucho más de lo que cobras y no ser un lastre. Si no al contrario es una alegría.

Lo peor es la falta de honestidad hacia la empresa. Sí, yo con estas cosas he sufrido mucho cuando he confiado en personas, he depositado la confianza en ellas y han sido deshonestas con la empresa y, por supuesto, con uno. No lo digo de vendedores, sino en general, que los hay desgraciadamente.

Además, me ha ocurrido en varias ocasiones en mi vida y por personas muy allegadas. Es terrible ver como algunos han ido sobre todo a su propio lucro y te han engañado a ti y a la empresa. Es terrible, es desmoralizante, es en alta medida aprender que no puedes confiar en los seres humanos y que tienes que estar siempre en guardia y aun así engañan. Es terrible, no es descriptible. Y muy malo para todos en general. El que lo practica debe tener su castigo; y si no lo tiene, pues allá con su conciencia. Te conmociona, te entristece y además te hace ver tu falta de vista por no haberlo detectado a tiempo, precisamente porque te ha engañado, poniendo en ello todo su quehacer. Tienes que andar siempre con los ojos abiertos; aun así, debes estar preparado para recibir en cualquier momento la puñalada por la espalda, la puñalada trapera. La vas a recibir y en varias ocasiones y, por lo general, en los momentos más inoportunos.

Los errores son humanos y, por lo tanto, admisibles y aceptables. Las deslealtades, los engaños y ya el culmen, los robos, eso son ya palabras mayores.

La honestidad es una base imprescindible. Como detectemos a una persona deshonesta en la organización debemos echarla sin más remilgos ni oportunidades. La honestidad no es negociable. No es posible admitir la premisa: «A partir de mañana voy a ser honesto». El que se alía con un cliente, capta comisiones con un proveedor o se lleva cosas de la empresa es sencillamente un ladrón. Has de vigilar que en tu equipo no haya ninguno. Muchas veces son los que más presumen de honestidad. He visto en mi vida diversos casos, muy lamentablemente, que dejan secuelas en toda la empresa. Los que han procedido así, más pronto o más tarde, pagan estas cosas. Evidentemente, son desmoralizantes para todos sus compañeros honestos, pues el deshonesto los pone a todos en tela de juicio, y para sus jefes inmediatos traicionados. Para todos en general. Es desolador, no perdonable.

No se pueden admitir regalos de clientes ni de proveedores. Cualquier regalo debe ser comunicado por escrito a la dirección, desde luego. Si son detalles de poca cuantía también. Y repito, por escrito. Algunos clientes quieren comprar al vendedor para así verse ellos beneficiados de forma directa o indirecta. Aquí no hay favores, hay estrategias de captación y ello debe saberlo la dirección de la empresa. Si no es así, no eres digno empleado de la empresa, no mereces el puesto. Caso aún más frecuente con los proveedores.

Situaciones tristes cuando se dan, rompedoras de la estabilidad de empresa. Delincuentes en casa, en definitiva. Sin paliativo alguno. Falta de formación, mala calaña.

No vender a la familia ni a los amigos

Esto también me fue inculcado de niño por mi padre y llevaba mucha razón, llevaba la razón de la experiencia. Por ello, sugiero a los hijos que aprovechen que tienen unos buenos maestros que no les van a engañar, que les dan las mejores lecciones gratis y que les van a dar buenos consejos. Estos maestros son los padres.

Es tristísimo ver a hijos que no confían en las enseñanzas de los padres. Pobres hijos, que ni siquiera han aprendido esto. En estos casos siempre he pensado que a los hijos les irá mal y en la inmensa mayoría de las ocasiones es así.

Si le vendes a la familia no conduce a nada bueno. Pueden pensar que es caro y se enfadan, puede que no te paguen y se enfaden. Mi padre cuando iba algún familiar a comprarle no le cobraba nada. «¡Pero Antonio, ¿por qué no me cobras?», le decían. Él contestaba: «Es que yo no cobro a la familia». De esta forma, la familia dejaba de ir, que era lo que él quería. Lo mismo hacía con los buenos amigos para que no fuesen más.

«Pepe —me decía—, es lo mejor no cobrar a la familia y a los buenos amigos. Así no vienen más o vienen dos o tres veces y ya por vergüenza no vuelven, que es lo que quiero».

Si le vendes a un amigo o familiar, es bastante frecuente o que no te paguen en algún caso o que no estén de acuerdo con lo que sea y se tensen las relaciones con los amigos o con los familiares. Parece una barbaridad, porque es la venta fácil. Es más, es la única venta que algunos pueden hacer. Esto no son ventas; es decir, son atracos a la familia y a los amigos. Evidentemente, para perderlos.

Mi hermano, mi querido hermano Antonio, que en paz descanse, lo tenía igualmente claro y desde el primer momento me dijo: «Pepe Luis, conmigo no tienes ningún compromiso de comprarme nada. Por mi parte, puedes comprar donde quieras. Si te veo con otra marca, no pienses que me va a molestar mínimamente. Compra de la marca que quieras y donde quieras y todos los demás productos que tengo cómpralos por ahí, eso no me molesta en absoluto. Tú eres mi hermano y yo no voy a quererte más o menos por ello. Esto tiene pocos márgenes; no pienses que te va a costar más barato ni que vas a tener el mejor servicio. Tú no te preocupes en nada por ello. Nuestro amor fraternal no se va a ver ni pizca menguado porque compres donde te dé la gana».

Yo, ante ello, solamente hice una cosa, darle un abrazo. Y siempre que he podido, he tenido esa escuela familiar. Yo compro en Almacenes Sánchez-Garrido, pero tengo claro que no debo pensar en tener por ello ninguna recompensa (si algún día viene algún detalle, estupendo, aunque supongo que lo harán con todos). El vender a la familia y a los amigos creo que lo hace quien no es capaz de vender a otros, lo cual dice de él mal como vendedor, que no tiene otros recursos. Yo a los amigos no los quiero para venderles. Otra cosa son los conocidos, que son otro cantar.

Don Felipe Carús fue el primer director comercial de Amoniaco Español S. A., hace ya más de medio siglo, en la fábrica de Málaga. Recuerdo que en su despacho tenía un cartel que decía: «El amor con amor, el dinero con dinero. Mezclar el amor con el dinero es la prostitución».

Separar los negocios del cariño. Esto mi padre ya lo conocía mucho antes que el señor Felipe Carús y es una buena norma. La mezcla de amor y dinero es un lío; después se forma una pelota que no se puede separar. Es mejor tener separados ambos conceptos.

Muchos piensan que hay que empezar vendiendo a los amigos y se equivocan. Separemos el cariño del negocio, no aprovechemos para vender por compromiso. Que nos compren ha de ser un acto natural, nunca por compromiso. No es bueno aprovechar la amistad, la venta no es un aprovechamiento de nada. Sencillamente, es un arte sublime. En algún caso, a Trini le han propuesto en Sevilla: «Tú que conoces a mucha gente, ¿por qué no aprovechas para venderle esto o aquello?». No quiso y el proponente se enfadó con ella y conmigo porque «contaba con ella». No, yo no vendo a los amigos ni a los demás. Vamos a ver, yo no vendo, me compran. No hago compromiso, procuro que los demás sepan lo que hay y si quieren algo y me lo quieren pedir, pues estupendo.

Así me convertí en el mejor vendedor del mundo. Y si no en el mejor, para que no se me diga presuntuoso, sí sé (y saben) que muy bueno. Los resultados lo demuestran. Y siendo un poco antipático y todo.

En definitiva, hay que hacer amigos con los negocios, que no tiene nada que ver con hacer negocios con los amigos.

No vendas al que no se fía de tu producto. Un día un señor me dijo: «José Luis, te voy a hacer el pedido, pero todo lo que reciba te aviso que lo voy a analizar como norma». Yo le contesté: «Si ya me avisas de que vas a analizar, es que no te fías. Y yo entiendo que si no te fías es mejor que no me compres. Otra cosa es que no me hubieses dicho nada y hubieses analizado, de lo cual estás en tu derecho legítimo, pero ya advirtiéndome de entrada te veo por ello desconfiado. Y yo me voy a quedar incómodo con la venta, me voy a sentir incluso amenazado y ya advertido. No te molestes conmigo, amigo, pero sinceramente te digo que prefiero no venderte».

Y así procedimos. Estuve varias noches sin dormir y él dejó de hablarme. Después, con el tiempo, hablamos. Total, que nos compró. Ya no sé si analizó o no. Nunca le pregunté.

Todo se compra y se vende

Este es un concepto que conviene tener claro. No te vendo esto o no te vendo lo otro. Realmente, todo se compra y todo se vende.

En un curso de Amoniaco Español S. A. celebrado en el Hotel Alay de Torremolinos, al final, llegado el momento de la clausura, le preguntaron al gerente, señor Otto W. Wilkes (un americano gerente en la fábrica de esta magnífica empresa, que estaba ubicada en Málaga): «Señor Wilkes, estamos escuchando que se vende la empresa. ¿Son verdad estos rumores?».

El mismo estaba escribiendo algo técnico con un rotulador en un *flichard* o cartapacio. Con el rotulador en la mano, se volvió y contestó: «Bueno, aquí todo se vende, menos el honor y a la mujer. Lo demás todo se vende». Y se dirigió de nuevo a seguir escribiendo con el rotulador. Estando escribiendo, se volvió de nuevo: «Bueno, he dicho que todo se vende, menos el honor y a la mujer, pero no es verdad. También es cosa de negociarlo».

Nos reímos mucho de esta exageración o chiste, pero que, en definitiva, guarda un importante mensaje: casi todo se vende. Se vende todo, se compra todo. Es cuestión de precio. Hay algunas cosas que no se venden, evidentemente, pero no muchas.

¡Toda una filosofía existencial! El negocio puede estar en cualquier parte, en cualquier tema, en cualquier momento, y hay que estar muy preparado para, sobre la marcha, atraparlo siempre que sepamos que jamás se nos puede indigestar y que podemos digerirlo. Hemos de estar al acecho, observando opciones de negocio. No paisajes, sino oportunidades.

La evolución del vendedor

Antes, a mitad del siglo pasado, había un modelo: el vendedor educado, correctamente vestido, limpio y amable; en fin, para dar una buena impresión. Exquisitos modales y con la sonrisa siempre en los labios. Así, se nos daban cursos de películas americanas en 16 milímetros en blanco y negro. No en inglés, sino dobladas en mejicano.

Esto cambió hace muchos años y ya en 1975 este modelo no era útil. No era necesario ir elegante, sino normalito. Incluso siendo feo se podría ser, sin problema, un buen vendedor. Todo consistía en tener empatía. Si no tenías empatía, estabas perdido.

La empatía es, pues, salir de tu cuerpo, por llamarlo así, ponerte en los zapatos del cliente, pensar como piensa el cliente y contrastarlo con lo que piensas tú; ver lo que tú sabes y que él no sabe, después de haber solapado ambos conocimientos, para dar unas contestaciones de acuerdo con lo que piensa él. Guardo primorosamente los apuntes que me dieron en dicho curso. Tenía básicamente un buen maestro, hoy ya muy mayor, pero que aún en agosto de 2020 tengo contacto con él. Es un hombre de mente lúcida y crítica inteligente, un fenómeno de la naturaleza: don Manuel Morón Salas.

Si sabes ponerte en los zapatos del cliente y pensar como él, le puedes romper sus argumentos y cambiarlos a los tuyos. Hay que ser empático, que no tiene nada que ver con simpático.

¿Y el vendedor de última generación? ¿Cómo debe ser el vendedor 5.0?, que era el título que en principio iba a dar a este libro. Ya hemos desvelado de ello un poco. Ahora tiene que ser «muy humano».

En definitiva, la venta es un acto entre humanos por el cual alguien adquiere (un humano, que es el que paga) un bien o servicio a precio razonable para que produzca satisfacciones económicas y morales, juntas o separadas, que compensen ampliamente lo desembolsado.

Las ventas automatizadas en dispensadores son ya otra cosa, otra área, y en estas cosas no hay verdades absolutas, todo es relativo. Hay muchas cosas, muchas formas de vender en un mundo en evolución, pero no hay verdades absolutas ni únicas. Todo es diverso, hay tendencias y lógicamente tenemos que estar con las mismas. Lo mejor es crear tendencias sin olvidarse de tener negocio cada día. Tienes que vivir y después crear tendencia, a ser posible, para crear nuevos negocios. En las ventas automatizadas la venta es, podemos decir, la instalación de la máquina.

Si te dedicas solo a temas de futuro, ¿cómo puedes vivir el presente? Cuéntamelo. No seas un utópico. Un poco sí, pero dentro de un realismo objetivo, teniendo en cuenta que tienes que vivir en el presente.

El vendedor de última generación con la digitalización, la automatización y las comunicaciones se sumerge en una revolución, es decir, en una evolución muy rápida, donde todos los días los cambios tecnológicos son abrumadores y se camina muy rápido a otra forma de ver el mundo. Pensamos que teniendo una página web, estando en Facebook y cuatro cosas más ya hemos escalado el Everest, pero no es así. Solamente tenemos una herramienta divulgadora necesaria en el mundo de hoy y punto.

El vendedor de última generación debe estar por delante de los desarrollos, por delante del futuro, ya que, en definitiva, el porvenir es de quien sabe anticiparse. El buen vendedor otea, aventura y busca nuevas necesidades. Realmente, la evolución es una consecuencia de las ventas. Las posibles ventas motivan investigación, las tendencias igualmente. El buen vendedor es el que madruga más. Cuando los demás se inician, él lleva ya una importante ventaja.

En las empresas, realmente son los que generan qué ha de hacer el departamento de I+D+i, que debe tener como objetivo, por lo general, lo que el vendedor ha investigado como futuro de los mercados. El vendedor avispado, que sabe leer las tendencias de mercado y busca anticiparse a ellas, debe ver lo que desean idealmente los clientes y procurar que su empresa lo tenga dentro de su marco de trabajo, en la investigación. Hay que investigar lo que los clientes quieren.

Lo importante en el fondo son los números, el cumplir los planes fijados y, a ser posible, superarlos. Y se debe también potenciar la humanidad de la empresa y el desarrollo tecnológico es fundamental.

El nuevo vendedor requiere la confianza del cliente, tener la confianza de su cartera de clientes. Esto requiere tiempo y sabiduría. Debe apuntar a las estrellas para llegar a la luna y tener gran poder de anticipación. La anticipación permite resolver los problemas con éxito.

El vendedor debe hacer, si es un cliente de consumo repetitivo, una planificación de las previsiones en una situación de mercado normal. Y debe saber perder clientes sin causa, lo cual es normal, porque los clientes en sí mismos son bastante infieles y poco agradecidos en su mayoría.

Pero si te compran al menos una parte no debes pedir más. Las fidelidades no existen y menos las absolutas. Normalmente, los clientes agradecidos son, por lo general, aquellos por los que menos te has preocupado. Los que te has preocupado mucho por ellos entienden que es tu obligación y no te agradecen nada. No esperemos agradecimientos. Felicítate a ti mismo, es mucho más seguro.

Todos los años busca nuevos clientes. Es importante buscar continuamente nuevos clientes. Las razones de esto son muy diversas:

-Porque de los que tienes se están muriendo.
-Porque otros dejan la actividad.
-Porque otros venden su empresa.
-Porque otros son infieles contigo, lo cual es inconcebible e injusto con lo buenos que somos, pero es más que posible.

Así que no podemos quedarnos dormidos y todos los años debemos hacer nuevos fichajes, al menos para que la cartera de clientes activos no baje e incluso suba un poco como mínimo.

«Camarón que se duerme se lo lleva la corriente», dice el refrán, así que o te renuevas o la fecha de caducidad te llega sin recambio.

Las ventas en tu empresa no pueden descansar en una sola persona o dos. Es demasiado riesgo si decide el vendedor estrella marcharse, lo cual es bastante probable como actuación de la competencia, o se produce una baja por cualquier motivo y pone la empresa en peligro.

Una empresa no puede depender de una persona, no tiene sentido, no se debe permitir. Y si está en manos de una sola persona, pues hay que cambiar el esquema organizativo.

La empresa está formada por un grupo de personas, el capital y los medios productivos y no puede depender de un magnífico vendedor. Tiene que depender de un equipo y si falla una pieza se sustituye.

El buen vendedor, si lo es de verdad, procurará siempre no ser imprescindible, sino solamente con su buen trabajo permanecer y, en todo caso, si tiene otras pretensiones, progresar en la empresa, lo cual debe hacerlo público. Los jefes es bueno sepan lo que cada uno, como ideal, pretende escalar. El vendedor debe saber que sin ocultar y con claridad y transparencia no está en peligro de perder su puesto. Al contrario, será mucho más valorado. Es obrar más inteligentemente.

En general, los vendedores deben tener, además del sueldo, un bonus o incentivo por sus objetivos que no debe ser fijo, sino cambiar cada año. El bonus no es un derecho adquirido, sino un incentivo puntual, según circunstancias. Debe ser secreto y las nóminas deben ser efectuadas por una empresa externa y remitirse directamente al empleado, sin que nadie sepa lo que gana otro para evitar así agravios comparativos, tan desagradables. El secreto de los ingresos ha de ser una norma empresarial, no conocida por los compañeros. Esto de que si el vendedor tiene incentivos hay que ponerlos a todos no es así. Si quieres incentivos, pues ponte a vender.

Muchas veces ocurre que el vendedor no sabe lo que quiere su empresa. Lo más cómodo, en ese caso, es echarle la culpa de eso a la empresa. Esto no es así, es cada uno el responsable de su propia formación. Lo que no sepas pregúntalo. Mientras más sepas, mejor para ti. Para la empresa también, pero para ti lo primero es aprender. Esto de que la empresa es responsable de tu formación es relativo. El responsable eres tú. La empresa debe colaborar y procurar tu formación, pero cada vendedor es el primer responsable de su propia formación.

La planificación, una necesidad

El éxito está en las tres «p» (planificación, planificación, planificación) combinadas con otras tres «p»:

preparación, preparación, preparación. Me lo enseñó un profesor negro de inglés, simpatiquísimo, en Sevilla, cuando tenía veintipocos años. Aprendí con él más inglés en tres meses que después en años. Y que conste que no lo hablo (lamentablemente, y ello es fundamental en el mundo de hoy).

Tener la agenda bien planificada, hacer planes anuales repartidos por meses y saber lo que se quiere hacer es esencial para después hacer lo que se quiere hacer. Lo que es difícil de hacer es lo de aquel que no sabe lo que quiere hacer.

Yo les digo a mis nietas que me hagan un plan para su vida. No me hacen caso, de manera evidente. Realmente, pocas veces se me hace caso, o al menos es lo que pienso. Me dicen que no es así. No entiendo nada de nada. Todo es, pero no es.

Es bueno hacer estos ejercicios e ir revisando de tiempo en tiempo el camino de la vida, hemos de planificarlo bien. Eso no quiere decir que haya que cumplirlo, pero sí te hace recapacitar sobre los desvíos y sus causas y los nuevos rumbos. Creo que debería ser un tema obligado en los estudios: la planificación de la vida.

La formación, un proceso continuo

Empezamos a aprender cuando nacemos, o quizá antes, y no dejamos de aprender hasta morir. Es un proceso que no se acaba nunca. Después de tantos años aprendiendo, sé bien que sé muy poco y que me queda mucho por aprender y, por tanto, me iré de este mundo aprendiendo demasiado poco. Viajando y hablando con los demás y estudiando es como se aprende de forma más importante. Pensando cosas que no sabemos es como se pierde más tiempo en elucubraciones mentales más o menos absurdas.

Conviene construir deleitando. «Desconstruir» cabreado conduce a donde hay mucho de nada.

Hay que aprender siempre, pero, atención, hay que seguir los consejos de la abuela: solo se debe extender la pierna hasta donde llegue la sábana. Y no sé, me da la sensación de que muchos jóvenes solo ven el disfrute y el ocio y hablar con los abuelos les parece una pérdida de tiempo supina. Cuando vean que ello no es así ya no tendrán abuelos y sus nietos no les harán caso, hasta que sus nietos sean abuelos y no estarán sus abuelos. La cadena sin fin sigue. Habrá que romperla. Mis nietas cuando hablo con ellas más de tres minutos procuran quitarse de en medio. Con la abuela es distinto. Me gustaría tener la opción de aleccionarlas de la vida, pero no me dan ocasión. Viven distantes y cuando las veo y les hablo de cosas así me huyen.

Al final la formación es para, en buena medida, mejorar los servicios al cliente: servicio rápido, servicio eficiente, calidad que sobrepase las expectativas del que la recibe. La formación es educación, la formación es comportarse como es debido, con unos objetivos claros, y seguir un protocolo educacional.

Mientras tengamos ganas de aprender seguiremos vivos. Cuando se pierden las ganas de aprender solo queda el morirse. Aprender es una forma de estar vivo muy interesante. Quizá es la única forma de que el alma no muera.

La venta finaliza cuando se ha cobrado

Sí, esto es un concepto claro y contundente. Hoy día, las ventas se aseguran en compañías de seguros de crédito para no poner en peligro a las empresas suministradoras. Desde luego, hay que facturar mediante recibo bancario. Esto de no tener la fecha de pago muy concreta y de forma automatizada no tiene sentido en los tiempos actuales. Quien no sepa actuar así mejor que cambie de profesión.

Eso de vender y que ya irá el comprador a pagar no cabe por el costo que ello supone: incertidumbre, planificación de pagos que tiene que hacer el suministrador con sus proveedores, etc. Las empresas con sistemas de cobro no mecanizados y obsoletos tienen poco futuro, evidentemente. Está claro que al normalizar los cobros con sistemas automatizados se pierden clientes, pero es un riesgo que hay que asumir, es un mal menor. Realmente, salvo en parte de algún sector obsoleto y en zonas puntuales, el pago automatizado ya es un sistema superado.

El vendedor debe hacer el seguimiento hasta el final, hasta que se cobre, y le debe dar prioridad a este trabajo. Si hay un impagado, el vendedor ha de estar involucrado en ello hasta que finalice el tema, archivando o cobrando, aunque esté en el abogado. Y la empresa no debe correr riesgos de impagados mediante una política clara y sencilla, la cual no tiene discusión. Una empresa no debe morir por esta causa. La venta acaba cuando se ha cobrado, no antes.

Si el cliente no tiene bienes a su nombre, le vas a cobrar de forma muy difícil o casi imposible. Tienes que trabajar con una compañía de seguros, atenerte a ella y ponerte en manos de una correduría de calidad contrastada.

No olvides nunca al cliente después de pagar. Sigues con él. Es para toda la vida.

4. LAS COMUNICACIONES Y LOS DETALLES

La importancia de los detalles

Suena a eso: a complementos, a temas no esenciales, accesorios, y no es así ni mucho menos. Habrá que buscar otra palabra que los defina y que les dé la importancia que merecen.

Si viene el cliente a visitarte a tu trabajo, viene a tu casa. Y para recibir visitas en tu casa esta tiene que estar perfectamente ordenada, no pueden estar las camas deshechas, no puede haber nada fuera de su sitio. Esto es esencial. Lo que es complicado es que haya personas que no lo entiendan. Seguramente, será porque son unos holgazanes. El efecto del desorden es demencialmente negativo, salvo alguna excepción de algún visitante no muy equilibrado. La impresión al visitar una fábrica, una oficina, es la misma que cuando se visita un domicilio particular: el desorden es descuido, holgazanería. Evidentemente, quita ventas. Y el orden aporta ventas. Lo que ocurre es que hoy día, con tantas imágenes virtuales, las visitas a tus instalaciones son pocas. A lo mejor la hace el cliente una vez en su vida y por ello la visita es más que importante. Es como un cultivo que también hemos de llevar: el cultivo de la perfección del detalle.

Ahora que estoy viajando en un crucero observo cómo cuidan el detalle como forma de operar, como forma de captar nuevos clientes y de fidelizar. Es maravilloso.

Por ejemplo, esta mañana fui a desayunar yo solo al *self service* y quise repetir el café. Temía levantarme y que, mientras iba a por el café, me quitasen el plato de la mesa, pues con el ánimo de tener las mesas muy limpias los camareros están pendientes de ello. Vi en la mesa, junto a la aceitera, unos pequeños discos de cartón, uno de color verde, de unos cinco centímetros de diámetro, y otro de color rojo.

En el verde ponía impreso: «He terminado, puede limpiar». También en inglés: «*You can clean the table*». Y en el rojo, que fue el que dejé en la mesa, ponía impreso lo siguiente: «No recoger, enseguida vuelvo». Y en inglés: «*Still eating*». Estupendo, cuidando todo al detalle.

Y así muchos otros detalles, tales como el *Diario de a bordo* que dejan todos los días en tu camarote.

El detalle no es costoso, es un ahorro, es simplemente organización.

En una empresa también debe haber su «diario de a bordo»: mucha información al usuario, como debe ser; muchos detalles, como debe ser. En definitiva, protocolos que se siguen fielmente, como corresponde, para no caer en la chabacanería, no entrar en la dinámica de empresas cuyas normas se siguen solo un rato y sí en la modernidad, en los protocolos a seguir.

Llevar al cliente la botella de agua que se va a situar en sala de reuniones o colocar un cartel de papel en el gollete con el letrero de «bienvenido» es todo un detalle, por ejemplo.

La personalidad de la empresa

Los detalles nos hacen diferentes al resto de la gente, los detalles marcan diferencias. Los detalles, junto con otros valores, forman la personalidad de la empresa, lo mismo que los detalles cuidan la personalidad de una persona. Los detalles no son cuestión de dinero, como algunos quieren indicar para estar más cómodos y excusarse en ello. Son cuestión de delicadeza y de ingenio y, evidentemente, de trabajo y atención.

Los detalles forman parte de los valores de la empresa y le otorgan ciertas facetas de singularidad. Una empresa que cuida el detalle es una empresa apreciada y valorada, salvo para algunos, que no valoran los detalles ni valoran nada, pero eso ocurre en todas las sociedades y lo que no debemos es dejarnos llevar nunca por los que piensan negativamente, pues entraremos en su círculo de negativismo, que entiendo que no es el adecuado. Aunque tengo dudas en algunas cosas. Por ejemplo, hay cierto número de personas, un número pequeño, que me da la sensación de que dentro del negativismo es como se encuentran felices. No estoy dentro de este grupo, agraciadamente.

La empresa tiene que estar sobrada de inspiración y talento, de fantasía y creatividad potenciada, y los detalles son una manera de hacerlo ver, porque la gente no tiene ciencia infusa para apreciarnos en lo que valemos y con los detalles es posible que le demos opciones de que nos quiera.

Se deben tener, igualmente, unos manuales de actuación, unos protocolos donde estén previstos todos los detalles. Lo que no se debe hacer nunca es funcionar a salto de mata, hoy una cosa y mañana la opuesta, la anarquía, la falta de planes, la carencia de objetivos. ¡Qué tristeza! ¡Qué pena! ¡Qué falta de estilo! ¡Hala, de planificar nada! A lo que salga. Voy a la oficina y ya haré algo, que no sé qué es. ¡Qué barbaridad!

No dejamos de insistir en que a la empresa, que es un ente mercantil, un conglomerado de seres humanos, lo mejor que le puede ocurrir es que se transforme en humana, que piense como persona y que se comporte como tal. Lo que no tiene sentido es que un conjunto de seres humanos no piense como tales.

A la empresa tiene que «gustarle gustar». Ya sabemos que la mujer fea no existe, lo que ha existido siempre es la mujer perezosa. La empresa fea tampoco existe, ya que tenemos que cuidarla para que ello nunca ocurra.

A las personas nos gusta tratar con otras personas limpias, pulcras, ordenadas. Las empresas han de ser igualmente así.

Las empresas han de tener una clara personalidad, porque una empresa sin personalidad, lo mismo que una persona, no vincula a nadie.

Deben tener las empresas sus rasgos definidos escritos. En definitiva, su personalidad, que ha de hacer atractiva, evidentemente, para atraer a los clientes. Una empresa es, sin duda, una obra de arte. Sí, sí, una obra de arte. De momento no es apreciada como ello, pero tiempo al tiempo.

Antes las obras de arte correspondía tenerlas en esculturas, pinturas o construcciones por parte de la nobleza o de la iglesia, pero hoy el arte ha cambiado, ha dado un giro copernicano y ya lo tienen todos. Todos tienen arte, o casi. Viviendas que por su organización y buen gusto son joyas, fábricas, centros de distribución, supermercados... Todo a nuestro alrededor se convierte en arte, en buen gusto. Ya no queremos otra cosa. El arte se ha democratizado y cada empresa inicia el camino para convertirse en una obra de arte. Muchas lo son, pero no son reconocidas como tales. Pronto lo serán.

Las organizaciones humanas consiguen su personalidad por:

-La atención por el detalle.
-El gusto por la belleza.
-Una comunicación clara y abierta.
-La importancia del cliente.

Lo he comentado antes y lo repito: el cliente viene a su casa, a la empresa, y cualquier persona es un cliente aunque no nos compre, pues sí puede ser divulgadora de nuestro buen hacer y eso es otra manera de vender.

A los que vienen debemos considerarlos invitados. Quieren todos emociones positivas, quieren ver que somos profesionales atentos, que la empresa es confiable.

Hemos de emocionar al cliente y a la sociedad en general, porque estamos en un mundo de emociones. Lo que no emociona no vale, atención a ello. Sí, mucha atención: hemos de emocionar al cliente, la empresa debe producir emociones en su actuación, lo que es un objetivo difícil. ¿Cómo se hace? Eso tienes que verlo y resolverlo tú, porque yo no sé los temas de tu casa ni de tu sector o barrio. Si tú no sabes, pues hinca los codos en la mesa y estudia hasta encontrar la solución.

Sí sé que el visitante tiene que ver transparencia, solidez, desenfado, ambición, alto nivel de exigencia, porque tiene que sentirse cómodo y libre, no ser apabullado.

No puedo hacer a mi invitado esperar en la entrada aburrido, eso es un disparate, y no puedo hacer que mi cliente hable con una máquina contestadora automática. Tiene que hablar con personas. De momento, todavía somos humanos; ya veremos lo que viene en años futuros. Seamos humanos. No podemos tratar al invitado con indiferencia. Hemos de oírlo, escucharlo y atenderlo maravillosamente, preguntarle y saber, no imaginar qué es lo que hace no habiendo ni preguntado. Nos estamos pasando con las conversaciones grabadas y el automatismo. Creo que pronto se volverá al trato humano o la empresa se quedará atrás.

Si el visitante tiene que esperar para ser atendido, hay que ponerle revistas, música sencilla o, mejor, el ruido del agua de una fuente, que relaja. También servirle un café, un refresco o lo que le apetezca.

En el cuidado de la casa se ve una actitud, en los detalles está la diferencia. Y esto del orden no es cuestión de genes, es cuestión de lógica elemental. Ser excelente en los pequeños detalles significa que se es también en los grandes. La búsqueda de la excelencia. No puede estar el pasillo con la luz fundida ni los calzoncillos en el suelo. Es la visita de una persona destacada a nuestra casa, es la visita de nuestro cliente a la sede de trabajo. Es exactamente igual. En los detalles lo vamos a encandilar.

El servicio 24 horas es lo que impera, el servicio cuando le haga falta al cliente, en cualquier momento del día o de la noche, cuando el cliente lo quiera. Es decir, no tiene que ajustarse el cliente a unos horarios. Tenemos que organizarnos nosotros a cuando quiera el cliente.

Hay muchísimas empresas que dicen: «Mi horario es este, mi cierre por vacaciones es este y los clientes que quieran, pues ya saben a qué atenerse».

Hoy las cosas no son así, no manda ya la empresa para nada. El que manda es el cliente y hay que tener el horario que el cliente quiera, los días que el cliente desee, le guste al empresario o no. Y si no es así no te preocupes, que el cliente irá a donde le convenga, pero no a tu casa, aunque te diga que no te preocupes y que te comprende.

Hemos de adaptarnos al cliente, no pensemos en adaptar el cliente a nosotros para que a nosotros nos venga bien. No lo sueñes.

Ir regalando

Sí, esto es fundamental, lejos del modelo antiguo, obsoleto. Al llegar a un cliente, entregar. Empieza dando, comienza regalando. Tienes que dar para recibir. No es un lujo, es la forma de hacer negocios.

No es tirar la casa por la ventana. No seas tonto si piensas así, porque yo no lo soy. Es el detalle, es como si se va a casa de una señora y se le entrega un clavel. Es provocar una sonrisa, es establecer un pequeño vínculo sensorial, animando las pupilas. Al fin y al cabo, la venta finalmente es un acto sexual sin sexo.

Sí, amigo. Entra entregando un detalle. No seas cicatero, agarrado o *encogío*. No quieras para ahorrar en gastos suprimir el chocolate al loro. Vete a ahorrar en los gastos importantes, porque realmente decir que cuesta dinero es una excusa para los holgazanes y los que no quieren trabajar, los que no saben evaluar y le ponen pegas a todo. Ponlo en el protocolo.

Sí, lo del chocolate del loro está bien: «Señora marquesa —dijo el administrador—, estamos en la ruina, hay demasiados gastos. Hay que bajar los gastos». Y la señora marquesa contestó: «Muy bien, vamos a suprimir el chocolate que le damos al loro».

No suprimamos detalles, por favor. Vayamos a suprimir lo que realmente sea básico y un componente importante del gasto. No soltemos discursos políticos; para eso están ellos.

Vía pequeñas emociones se conquistan los corazones. Superar las expectativas con atenciones. En definitiva, el corazón decide y el cerebro justifica. Tan solo los muertos no agradecen nada.

¿Cuánto supone al año? Tenlo presupuestado, ha de ser bien estudiado y ponderado; pero los detalles no son un gasto, son una inversión necesaria en el cliente. Aunque contablemente, lógicamente, sean un gasto, este es aparente, pues es un coste productivo. Si se te pregunta que cuál es la rentabilidad conviene decir: «La rentabilidad es sobre las cosas que se pueden medir; captar sentimientos no es medible. Es otra dimensión mucho más interesante».

Comunicar, comunicar, comunicar

Hay que comunicar bien aquello en lo que se cree, ganarse mentes y corazones. Debe haber coherencia en explicar lo que se hace y por qué se hace, estar seguro de que has transmitido el mensaje correctamente y asegurarte de que tu interlocutor lo ha entendido. Si no te ha entendido es porque tú no te has explicado.

Comunicar es un arte que requiere ingenio, comunicar requiere técnica, comunicar requiere mucho conocimiento técnico de la materia que quieres comunicar. Si el comunicador sabe comunicar, pero no sabe el tema técnico que tiene que comunicar, mal le irá a no ser que tenga mucha colaboración, la cual generalmente no existe.

Comunicar es fundamental en la empresa, básico, pero no es fácil. Necesita uno a unos profesionales muy preparados para ello, pero no es fácil. Aunque no es cosa de delegar la comunicación en profesionales. Está bien que desarrollen el trabajo y tengan iniciativa, pero en el fondo los mensajes han de indicar cuál es el líder de la empresa, que es el que dirige la misma y sabe mejor que nadie los mensajes que necesita.

Esto de poner un experto y delegar totalmente en él es una chorrada. En todo es bueno tenerlo y también es necesario, pero tú en alta medida tienes que dirigir al experto y seguir si lo está haciendo como tú has planificado, los rasgos generales de los objetivos generales.

Las empresas que comunican crecen, las que se aíslan desparecen. Es así de sencillo. Cada día hay más medios de comunicación, cada día la empresa tiene que estar más comunicada, haciendo llegar al mundo sus mensajes, siempre procurando manejar el concepto *human age*, es decir, mejorar con nuestros productos el bienestar de las personas, como premisa, mediante una buena comunicación.

Ahora bien, hay que llamar la atención con originalidad y fondo y esto no es fácil. Necesita ciertas dosis de pensar, de leer, de tiempo y, desde luego, de inspiración y creatividad.

Con la COVID habrá muchos cambios de tendencia, otra forma de ver la vida que afectará mucho a la actividad económica tal como ha venido desarrollándose hasta ahora. Sencillamente, se han roto los esquemas y serán sustituidos por otros nuevos que, generalmente, no sabemos cuáles son y que tenemos que diseñarlos.

La especialización

En un mundo diverso y cada día más complejo, la especialización es una necesidad. Hoy intentar saber de todo es bastante absurdo. Además, la especialización es un arte. El éxito es para los que vuelan en la especialización.

En definitiva, la mejor definición de especialista es esta: «El especialista es el que sabe cada vez más y más de menos y menos hasta que sabe casi todo de casi nada».

Se ha de procurar tener una empresa no convencional ni se ha de pretender llegar a ser convencional. Hay que especializarse en especialidades. Mediante nuestra tecnología, enseñar al cliente a desarrollar su negocio y obtener mejor rendimiento económico. Es la forma de que el cliente te aprecie cuando le aportas beneficios.

No hay que vender milagros, sino tecnología contrastada, vender resultados. Sin resultados en lo que vendes estás muerto. Los milagros no existen. Las casualidades sí, pero son eso, casualidades.

Los clientes quieren aprender de especialistas, no de charlatanes. Quieren aprender del que sabe, no del cantamañanas.

5. LOS PRODUCTOS

Los productos y las experiencias

Más que productos, hay que vender experiencias de resultados. Hoy no se confía en la intuición, se confía en el experto.

Conocimiento profundo de lo que vendes

Conocer a fondo el producto o servicio que se va a vender es fundamental una frase que me recuerdan mis amigos y que uso mucho: «Vender es convencer, para convencer hay que estar convencido y el convencimiento es una consecuencia del conocimiento».

Así que estudie, pregunte, infórmese, lea, indague y aprenda de lo que vaya a vender más que nadie. Tiene que saber todo lo que sabe el cliente de este tema y también todo lo que no sabe el cliente, pues tiene que hablar con él de lo que no sabe ni él mismo. No intente vender sin conocer lo que vende, es absurdo.

Estudiar, trabajar y tener experiencia. La experiencia es la acumulación de errores. Lo malo de la experiencia es que cuando acumulas mucha te mueres. Casi todos mis amigos con mucha experiencia se han muerto. Cultivemos la perfección en lo posible.

Los productos anzuelo

Es antiguo esto, es vender lo más corriente a precio más bajo que el mercado como producto gancho para atraer y que sea posible la venta de las especialidades.

Querer vender productos de alta rentabilidad es, en cierto modo, una utopía a no ser que sean productos más o menos en exclusiva y de alta tecnología. En fin, esto es muy dudoso. Quien quiera tener alta rentabilidad no venderá, sencillamente porque la competencia se encargará de vender barato lo mismo. Esto cambia todos los días.

Hay quien vende solo productos de alta competencia y no sé cómo se las apañan las empresas para subsistir. Hay otras que solo venden específicos, siempre que estos sean verdaderamente así. Seguramente, yo creo más en el *mix*, en disponer de ambos catálogos.

En definitiva, se trata de vender siempre (siempre que puedas) y tener un amplio repertorio, pero controlable, dominado y que sea de verdad.

Los específicos

Hoy todos nos hemos apuntado a la innovación. Antes no era así; había empresas vamos a llamar tradicionales cuyo catálogo era muy duradero y eran pocas, muy pocas, las que aportaban nuevos productos y nuevas ideas.

Pero poco a poco fue creciendo el número de estas últimas y ya hoy las innovaciones las hacen o las venden todas. Estamos en una loca y desenfrenada carrera por la innovación empresarial. Si ello no va con usted, es mejor que se dedique a otra cosa. Si te quedas atrás desapareces. Aquí ya no es que unos vayan por el camino de la innovación y otros no. Aquí innovas o innovas. No tienes otra alternativa, salvo marcharte.

Entonces, si antes solo innovábamos dos o tres y nos distinguíamos por esto, ahora que innovamos todos, absolutamente todos, ¿cuál es nuestro factor diferencial? Al apuntarnos todos a los factores diferenciales es como una nueva liga.

¿Cómo se tienen productos diferenciales en un mundo en el que todos los productos son diferenciales? Curiosa cuestión: buscar diferencias en un mundo donde las diferencias lo han acaparado.

El que todos innoven no debe ser problema. Una persona positiva convierte el problema de la competencia feroz en nuevos retos y nunca en obstáculos, se dice en los cursos de formación y en los libros de empresa. Son frases francamente bonitas las que se oyen en los cursos. Es cosa de copiarlas, repetirlas y que queden.

Las frases

Las hay que suenan muy bien, frases que quedan magníficas. Hay frases tan bonitas que asombran y el que las oye se queda sin habla por la contundencia y claridad de las mismas. Pero una cosa son los dichos y otra los hechos, una cosa es hablar y otra hacer. Yo en mi vida me he encontrado a muchos directivos expertos en el hablar, pero ahí se terminaba la historia; el hacer no sabían bien lo que era. Lógicamente, fueron todos de corta duración, hasta que sus superiores detectaban esto. Hacer y no hablar tampoco es bueno. Lo correcto es hablar y hacer, no hay otro camino de larga duración.

Antes los cambios eran lentos; ahora son vertiginosos y lo que es peor (o mejor) es que aumentan en velocidad de forma exponencial. El ritmo de los cambios y de la concepción de la vida no corre, vuela, y conceptos hoy vigentes mañana se destierran, pero no de forma local que se vaya extendiendo como mancha de aceite, sino que debido al gran desarrollo de las comunicaciones los mercados cambian en veinticuatro horas o casi instantáneamente de forma general. Le pueden dar la espalda a un producto y abrir los brazos a otros para nuestra sorpresa y estupor o para quedarnos con unos *stocks* colgados, sin poderlos vender. Porque ya no cambia una localidad, ahora cambia el mundo a la vez.

Lo que hoy es muy bueno mañana es malo. Es más, lo que ahora es interesante dentro de media hora no lo es. ¿Cómo se hacen planes en un mundo de tanto y tanto cambio si el panorama para lo que planificas cambia al momento, en unos minutos, y te quedas con la boca abierta, pues lo que habías previsto no se puede cumplir para nada? Con tanto cambio, ¿para qué planificar?

Pues sí, hay que tener previstos los cambios superbruscos. ¿Cómo lo hago? Es sencillo: renuncio a la jubilación de forma temporal y me contrata unos meses. Eso sí, adecuadamente remunerado. Yo nunca he hecho deporte porque es un esfuerzo y no me lo pagan.

Las patentes

Los productos específicos, propios y patentados son la forma de salvarte. La patente es la única forma de controlar a la competencia. Otra forma de controlar a la competencia es fusilarla, pero esta opción, evidentemente, no es de recibo. Es un chiste.

Lo malo es la terrible lentitud de los temas judiciales cuando se te copian productos patentados, pero al final este proceso sirve. Y si no te sirve, pues bueno, te ha costado el dinero, has perdido tiempo y te has calentado la cabeza. Es decir, has estado aprendiendo.

Son importantes las innovaciones en productos, envases, presentaciones, *marketing*. Quiero decir detalles diferenciales. La creatividad requiere tener el valor de desprenderse de las certezas y poner en cuestión todo para volver a darle vueltas e indagar.

Con los específicos tienen que ganar el consumidor, el distribuidor y el delegado de ventas, que debe estar incentivado. Tienen que ganar los tres.

¿Es posible que ganando los tres sea el producto vamos a llamar de posible venta? Si se vende, ¿por qué ganan los tres? ¿No pueden ser dos ni uno? ¿Los tres? Además, incluso gana la empresa fabricante, cuyo beneficio se gastará en empezar de nuevo con otra innovación hasta que lo pierda todo. El valor de la creatividad y de la innovación es enorme, es posible, es la realidad de la empresa de cada día.

Parece una utopía y no es así. Para que los específicos evolucionen tienen que ser rentables para todos. Primero, para el que lo vende, el delegado. La vida no es una ONG. Las ONG son necesarias para la vida, pero no son la base para poder vivir. Que no cuenten cuentos de hace muchísimos años, muchos años. Tantos que los peces aún no habían aprendido a nadar.

Es necesario poner «etiquetas» en cada producto, pues influyen en el subconsciente; y tener evidencias, que influyen en el consciente.

6. EL MERCADO

El conocimiento del mercado

Si no conoces el mercado, ¿qué es lo que quieres? Tienes primero que aprender y después hablamos. Conocer a fondo dónde vas a desarrollar tu trabajo es esencial. Requiere tiempo, constancia y, como los mercados no son estáticos, sino que evolucionan continuamente, pues siempre tienes que estar actualizándote. Van cambiando o renovándose continuamente los actores, cambia el escenario e incluso van cambiando poco a poco el guion y los medios técnicos. Es decir, si te apartas del mercado y estás un tiempo fuera de él, cuando retornes no encontrarás lo que dejaste al irte, sino algo diferente. Eso sí, la esencia no cambia, pero tienes que actualizarte. No estamos hablando de años. Con un par de meses ya no sabes para nada por dónde va el hilo.

¿Cómo se conoce el mercado? Pues trabajando mucho, preguntando mucho y dedicando muchas horas. Sí, muchas horas. No hay ciencia infusa. Tienes que leer, ver, estudiar, analizar, viajar, preguntar, practicar ventas, escribir... No imaginar demasiado, sino ver realidades. Cuando conozcas las realidades, pues piensa en imaginar un futuro más avanzado pero posible.

Hoy en día, internet es una herramienta tremenda para conocer mucho, lo cual antes era un problemón. Lo que el mercado enseñe hay que escribirlo, pues si no lo escribes y encima tienes mala memoria apaga y vámonos. Estás perdiendo el tiempo. «¡Papá, a mí no me gusta estudiar!», dicen algunos niños. «A mí no me gusta leer», dicen algunos mayores. Es que no se trata de hacer lo que a uno le guste o no, se trata de hacer lo que hay que hacer. Y si haces lo que te da la gana, pues muy bien, pero, por favor, no me cuentes tus penas.

Hoy se aprende mucho más rápido por la sencilla razón de que hay unos medios de comunicación colosales y cada día más perfeccionados. Antes estos medios no los había ni en sueños; por eso, el aprendizaje era mucho más difícil, necesitaba mucho más tiempo y más esfuerzo. Nuestros padres y las generaciones pasadas fueron unos tremendos sufridores en relación con los medios actuales. Antes para hacer un escrito tenía que ser a mano o a máquina, había que ponerlo en su sobre y enviarlo por correo, tardando unos días en llegar a su destino, suponiendo que el receptor supiese leer y no tuviese que buscar a un vecino.

Cuando a un vendedor se le despide, seguro que básicamente no será por exceso de ventas. Al buen vendedor se le procura retener siempre, hasta que deje de serlo. Después ya, en todo caso, se le soporta, lo cual tiene mérito, porque es poco frecuente. La vida es así, es lo que hay.

Esto de ir a vender sin saber es como ir a la guerra sin armas. Cuando se va debe ser con unos planes, ya hoy con unas citas, con un programa. Hay un tipo de venta muy elemental que es la reposición de un artículo, si es de consumo continuo. Bueno, esto no es vender, es reponer. Vender es que te compren nuevas ideas, nuevos artículos, nuevos enfoques para aumentar el volumen, etc. Aunque con una actitud positiva todos vendemos «imagen de empresa», todos vendemos «servicio de atención al cliente».

Cincuenta años me ha costado conocer a la competencia

«¿A mí qué me importa lo que haga la competencia? ¡Lo que importa son nuestras ventas!», he escuchado en alguna ocasión. Esta observación no es para nada correcta. No tiene sentido la misma. Ningún sentido. El que la manifiesta no sabe lo que dice.

En definitiva, estamos en una guerra. Eso sí, de guante blanco casi siempre. No siempre, pero a veces es un tanto salvaje por su agresividad comercial. Vamos a ver: así, a lo bruto, salvo excepciones, lo que queremos es cargarnos a la competencia. No físicamente, evidentemente, pero sí comercialmente. Esto es así. Y si quieres dejar alguna es aquella que te interese por unas u otras causas. No empecemos con filosofías. Si esto no lo dices es porque sabes que no puedes, porque suena mal y porque no es políticamente correcto. Como no podemos liquidar comercialmente a la competencia, decimos cínicamente que la competencia nos viene bien, que nos llevamos bien con ella y cosas de este tipo, pero la competencia hace que se venda a precios tan bajos que mi negocio difícilmente pueda vivir, mi competencia saca productos que yo no tengo y me hace daño.

«Llevarse bien con la competencia» es un eufemismo. Como no puedo quitarla, más vale sonreír y llevarse bien con ella. Los acuerdos de mercado, aparte de que son ilegales, yo creo que en la práctica no existen, pues en caso de llegar a un utópico acuerdo, apenas salgas por la puerta de la reunión te metes en el cuarto de baño y con el móvil estás llamando a tu organización y rompiéndolo. Estás rompiéndolo con el ánimo de sacar ventaja. Y si te dicen que lo has hecho pones cara de tonto y dices que no has hecho nada. A lo mejor en el caso de grandes multinacionales teóricamente es posible, pero lo dudo. Siempre habrá alguna a la que le encante, lo haga para ella no hacerlo y aprovecharse ampliamente para crecer y aumentar su negocio.

Mi competencia hace «competencia no leal». Esto me produce cierta sonrisa y me pregunto: ¿hay competencia leal? Si la competencia obra lealmente, pronto dejará de existir. Los negocios no se pueden regular. En definitiva, debes tenerlos abiertos cuando al cliente le interesa y tienes que dar un servicio. No ya el que desee el cliente, sino por encima de lo que desea, algo que le sorprenda.

No decimos que queremos cargarnos a la competencia, suena fatal, pero en el fondo lo que se desea es estar solo (o más o menos solo), lo cual, evidentemente, es una utopía. Al menos sí aspiramos a tener mucho hueco de mercado, porque eso de «nicho de mercado» es una expresión que odio. ¿Por qué nombrar el sitio de los muertos para definir un mercado?

Entonces se trata de conocer las armas que tienen los enemigos, las estrategias que siguen, lo que piensan, mientras más datos mejor. De este conocimiento se establece la estrategia de ataque al enemigo competidor para ver si de forma elegante él opta por dedicarse a otra cosa.

Al que dice que no le importa lo que haga la competencia le contesto: «¿Pero en qué mundo vives? ¿Qué historia me estás contando, amigo? ¿A dónde vas, triste de ti?».

Siempre hay que estar estudiando la competencia a fondo y, como es tan cambiante y evoluciona, no se termina nunca. He estado cincuenta años estudiando a la competencia y no lo he aprendido. No porque sea demasiado torpe (aunque algo lo seremos, querido lector, tú y yo, sobre todo yo), sino porque esto cambia todos los días, más o menos.

La historia de las empresas

El presente es sencillamente una consecuencia del pasado y, en buena medida o con alguna probabilidad, señala el camino futuro. En muchos casos no, en otros sí. Por ello, para estos muchos casos que sí, es bueno conocer la historia de la empresa. Es necesario, porque es un arma más de venta. Sí, sí, un arma más de venta. Un conocimiento profundo de sus sentires. El conocimiento de la historia de las empresas de tus clientes es apasionante y, aunque te incomode, para no olvidar es necesario que lo escribas en la ficha de tu ordenador.

Aparte de tu empresa, debes escribir también de lo que has vivido para que sea integrado en la historia de tu empresa. Casi nadie escribe, dicen que es lo moderno. Realmente, decirlo es un estribillo para ocultar que trabajamos poco aunque digamos que trabajamos muchísimo. Quizá hoy no se sepa lo que es trabajar muchísimo. Quienes sí lo sabían eran nuestras generaciones precedentes. Este año, después de la reclusión y de las vacaciones forzosas, creo que pocos han renunciado a sus vacaciones legales.

La demolición de las industrias obsoletas

Qué pena que las fábricas cuando se hacen obsoletas se dejen a cota cero y desaparezcan. Deberían quedar en muchos casos como museos industriales y no como explanadas o páramos. Echaremos de menos fábricas de hace cien años de las que no queda nada. Ya está bien de museos todos iguales. Tengamos museos industriales. Ellos educan y son igualmente necesarios.

Ahora me estoy acordando de la fábrica de S. A. Cros en San Juan de Aznalfarache. Cuando la cerraron puse mi despacho allí. Estaba solo con mi equipo, además de algunos guardas. A los pocos años tuve que irme porque fue vendida y demolida. Quedó, como le llaman los «derribistas» industriales, a cota cero. Era de finales del siglo XIX su estructura, su diseño, y la primera dueña fue una compañía alemana. Era una preciosidad con sus edificios, junto al río; con su pequeño puerto, ya sin utilizar desde hace años; un enorme laboratorio de los antiguos y una residencia antigua, ya cerrada hace muchos años, que utilizaban los empleados y otros que venían de Barcelona a lo que fuese.

Había también casas anexas a la fábrica para algún personal directivo de la misma. Ya quedaban pocos. Se habían demolido para no ser nuevamente ocupadas. Contaba asimismo con talleres, carpintería y todo el equipamiento industrial. Había como una tienda almacén, muchos años antes, donde se vendían algunos artículos esenciales en las casas, solo a empleados y a precio de costo: aceite, alubias, garbanzos y cosas así, que se descontaban de la nómina manual que entonces se hacía. No me acordaba del nombre, pero por fin lo he recordado: el economato, con una pizarra gigantesca con los diez o quince artículos a precio de costo para los empleados. Yo tengo como un jarro de lata que servía para medir el aceite.

Los adoquines fueron vendidos para chalés, así como las grandes maderas de los techos. Parte de la fábrica está, por ello, dispersa en Palma de Mallorca. No quedó absolutamente nada. Bueno, sí, solo una casa, que creo que fue donada al ayuntamiento y donde ha habido diversas actividades: emisora local, guardería, etc. Era un verdadero monumento. Hoy, en lugar de una bellísima fábrica, se encuentra, lamenta-blemente, un polígono industrial. Y no es esta la única. He visto variados casos en toda la geografía, así como de fábricas azucareras, por ejemplo.

De San Juan guardo algún pequeño objeto como oro en paño. Después, cuando yo no esté, mis hijos no sabrán ni de lo que es. Esto me recuerda que tendré que explicárselo pronto con más detalle, antes de que sea demasiado tarde.

Necesitamos una cultura de dejar para generaciones siguientes testimonios de las generaciones pasadas. Esto son joyas, como los cuadros y pinturas antiguos.

Estamos sin industria apenas en España y no te cuento en Andalucía. En estas últimas décadas, bien por acuerdos con la Comunidad Europea o por circunstancias muy diversas, nos hemos venido cargando de forma sistemática, poco a poco, la industria anterior, de cuando España era una potencia industrial.

Aquí, en mi opinión, se ha creado una mentalidad antiindustrial que hace que, en vez de crecer, cada día haya menos industria y si hay algo más sea ínfimo en relación a un crecimiento digno de mención, a un crecimiento sostenido. Por ejemplo, en Andalucía un centro importante de desarrollo era el polo químico de Huelva, pero allí ya queda poca industria. En vez de potenciar, en mi opinión, se «despotencia» con tanta normativa legal, con tan lenta administración, hablando todo el día de contaminación y de que una industria debe contaminar menos, o nada de nada.

Piden que no se contamine el agua, cuando muchos de nuestros ayuntamientos no han instalado aún, a lo mejor, ni depuradora o no funciona la misma. Nadie puede multar a un ayuntamiento, por lo visto, pero sí que te cierran una industria y te ponen entre la espada y la pared. En fin, con ello (antes con las reivindicaciones sindicales, supongo que ahora también, no lo sé) se crea un panorama antiindustrial que cualquiera es el osado de hacer algo. ¡Así nos va! ¿Cómo vamos a crear así puestos de trabajo?

Además, he visto de forma directa cómo se cierran plantas muy grandes porque contaminan y ahora esos productos se importan, con lo cual no contaminamos; pero he tenido la oportunidad de ver esas fábricas en el extranjero, donde contamina mucho más esa industria que en España, con una tecnología mucho más embrionaria.

Total, dejamos de producir para no contaminar e importamos para que otros fabriquen más en otros países, donde ese producto que compramos contamina mucho más al fabricarse que cuando se hacía en España. ¡No lo entiendo! ¡Que me lo expliquen!

Las tendencias

Es un tema muy importante, porque las tendencias son pautas que van marcando la evolución de la humanidad y no se puede luchar contra ellas. Al contrario, hay que asimilarlas rápido y adaptarse a la mismas y, si es posible, mejorarlas.

Hay que subirse en ese barco, el de las tendencias, y a ser posible estar entre los primeros, entre los que las marcan. Lo que es un error es luchar contra las tendencias, pues las mismas son imparables y van aumentando en el mercado hasta que lo controlan y en ese momento, o antes, empiezan otras nuevas tendencias.

Hay algunas bases: hoy todo lo que es ecológico, reciclable, respetuoso con el medio ambiente, sostenible, digital... Esto de «sostenible» no llego a entenderlo. ¿Cómo puede ser una cosa insostenible?

Son tendencias incuestionables. Con más o menos sentido, pero lo son. No merece la pena discutir su razonabilidad, que en algunos casos no la tienen. Son y son. Yo del tema de la agricultura ecológica tengo mucho que decir, pero no es cosa de entrar en ello. Cuando he dicho que en Gambia o en Mozambique todo es agricultura ecológica ha habido alguno que hasta me ha insultado. Una cosa es no usar productos que puedan dañar a las personas, los cuales están ya prohibidos, y otra es hacer chorradas sin sentido alguno para ser «ecológicos». Pero es un nombre que por sí solo vende. Son los mercados.

En definitiva, hay que impulsar los cambios, activar la inteligencia colectiva. Tener una sintonía ineficiente con las tendencias es un problema grave.

Una tendencia imparable es la belleza en su más amplio sentido. No me refiero a la belleza física, sino a la belleza en general. En la armonía, en la inteligencia, por ejemplo.

Ahora, por incidencias ajenas como la COVID, se acelera enormemente un cambio de tendencia que habría sido mucho más lento y, en muchos casos, a lo mejor no lo hubiese habido o habría sido muy lejano. Nos encontramos en el punto de inflexión de, probablemente, un nuevo sistema de convivencia social y en estos momentos hay muchos tipos de negocios que parece que están condenados a no subsistir y otros nuevos destinados a crecer de forma desmesurada y rápida, más otros nuevos que yo al menos no soy capaz de imaginar ahora, pero que los tendremos muy pronto.

Lo que sí está cada día más claro es que negocios «para toda la vida» son más que imposibles y que ahora los negocios se ven (y en el futuro quizá más) sujetos a vivir en una evolución y adaptación tremendas. No imagino cómo serán las cosas a final del siglo XXI. Seguramente, no se parecerán en nada a las de ahora, en los años 20, como ya nos pasó en el siglo pasado a partir de los años 20, precisamente. El porvenir es del que sabe adelantarse.

El factor comodidad

Esto que voy a decir me lo enseñaron hace mucho tiempo: todo lo que sirva para no trabajar tiene el éxito asegurado.

¿A que es verdad? Somos cada día más y más cómodos. Solo queremos apretar un botón al día y que el mismo, desde luego, no esté muy duro, que no haya que hacer esfuerzo.

Antes, por ejemplo, se podía tachar de lunático a alguien que pensase en un tractor con aire acondicionado o lo comentase, como era mi caso, que prácticamente toda mi vida laboral he estado en el terreno de las innovaciones, agraciadamente. Cuando he presentado algunos productos innovadores (estoy hablando de hace muchos años) apreciaba caras vamos a llamar de risas y, como se dice en Antequera, de «cachondeo». El oyente claramente pensaba: «Este que habla es un lunático».

Después, con los años, esto se va a apagando. Incluso te quedas de piedra cuando los mismos escépticos comentan que fueron ellos lo que los inventaron, más o menos. Pero bueno, la vida es así, está claro. Evidentemente, te has consumido mucho por el camino, pero te queda la tranquilidad de espíritu de no haber decaído.

Si usted piensa que un producto es más complicado su uso, pero más barato, olvídese. Aquí la humanidad, en general, no quiere trabajar y todo lo que sea complicarle la vida es perder el tiempo. No insista.

En lo razonable, insista en la comodidad. Todos la recibirán muy bien. La comodidad es para todos más importante que el precio. Y claro, una vez se ha optado por la comodidad hay que tratar de ver cómo la misma se baja de precio.

Creo que nos equivocamos cuando hablamos solo de precio. Debemos hablar de rentabilidad, de aquello que sea lo más rentable, que no tiene por qué ser el precio más bajo, sino el que dé más beneficios.

Nada que complique. Cada vez se trabajará menos y menos en todo lo posible. Esto es así claramente. Realmente, el mundo tiende a trabajar poquísimo, por lo que los que trabajen se crearán muchos enemigos por romper el estatus. Pero bueno, serán los líderes.

Los canales de distribución

Ahora está muy de moda aquello de «aguas abajo y aguas arriba», pero en inglés. No obstante, hay que optar por unos esquemas de distribución concretos después de estudiar el mercado y aplicarnos al mismo.

Hablamos de canales que ya no son solo locales. Hemos de pensar en canales internacionales en un mundo cada vez más global. Cuando este mundo global esté muy controlado habrá que ir viendo otros mundos.

Las ventas *online* de servicios muy rápidos, al menos a nivel nacional como mínimo, van aumentando de forma poderosa; con ello se alcanza un nivel de comodidad importante. Compras en casa por ordenador y te sirven el producto de forma rápida en casa. Esto es imparable. Ya los niños nacen con un móvil en la mano. A los de antes nos cuesta mucho más trabajo cambiar las rutinas. Esta tendencia clara rompe el comercio pequeño tradicional en alta medida y crea más paro. Y aquí aparece un problema grave: el trabajo se va a convertir en un «artículo de lujo».

Una empresa, aunque sea pequeña, como no tenga una alta presencia en redes o dé servicio a domicilio lo tiene crudo en el futuro. Y, por supuesto, sabiendo el idioma universal, el inglés; aunque yo pienso que el idioma universal podría haber sido el español si hubiésemos hecho bien las cosas y no hubiésemos tenido un periodo tan desastroso como fue la parte final del siglo XVIII, sobre todo el XIX y buena parte del XX. Aquí los ingleses lo aprovecharon bien y nosotros nos quedamos muy rezagados.

El factor tiempo

Hoy se quiere algo para ya, cada día somos más exigentes. Si vas a tomar una cerveza, quieres que te la pongan delante en un minuto y con una sonrisa. Si no, no vuelves. Hoy se quiere todo inmediatamente, por lo general, o para entrega diferida, pero exactamente para su entrega un día concreto y a una hora. Hoy no se perdonan las demoras, hoy no se quieren esperas. Queremos las cosas ¡ya!

Oiga, ¿y si muchísimas personas piden un determinado producto todas a la vez? ¿Cómo se las atiende? Pues mire usted, se hace y bien. Si no lo sabe, apréndalo. No intente educar al cliente, salvo que al mismo le interese mucho. Educar al cliente es bastante improbable; tiene que aprender solo y ustedes tienen que anticiparse a lo que estudie, a lo que va a necesitar, cómo y de qué manera. Los clientes no van a cambiar. Antes, en una época de carencias, quizá el comercio en alguna medida imponía sus normas. Hoy las pone el consumidor final.

Lo que ocurre es que a los clientes les falta información veraz y les sobra información tendenciosa, información equívoca. Por ejemplo, pedimos jamón york y ni es jamón ni es de York. Todo ello cambiará con el tiempo, supongo. Y lo lógico es ir a productos más naturales de verdad y más sanos, más auténticos y con etiquetas no diseñadas para confundir y vender más para que el público interprete leyendo la etiqueta que es lo que no es. Evidentemente, dentro de la legalidad vigente, en muchísimos casos manifiestamente mejorable.

7. LOS CLIENTES

Cada cliente es diferente

Así es, estamos en un mundo maravilloso, donde cada persona es distinta a otra. No hay grupos de características similares que definan la personalidad, cada uno es diferente a otro. Esta diversidad es alucinante, es impresionante, es tremenda y hace un panorama subyugante. Cada persona es un mundo, lo cual es una gran verdad.

Cada uno tiene su forma de ser, sus creencias, sus valores, sus sentimientos, sus gustos, sus prioridades... Es impresionante tanta diversidad.

Cada cliente, evidentemente, es muy diferente a otro, de modo que el vendedor tiene que ser un tanto psicólogo para estudiar la personalidad de este. Conociendo al mismo de forma intensa le es más fácil llegar a su corazón y a su manera de sentir para que fructifique en ventas. Todo lo que hacemos tiene un fin.

Conviene anotar todas las características en un ordenador para leerlas de vez en cuando y refrescar las ideas, que de otra manera se simplifican y se crean estereotipos no reales. Realmente, el vendedor es un conquistador de corazones y de mentes, un experto en sociología aplicada. Debería haber másteres de ventas con la amplitud de conocimiento de estas asignaturas. Como no los hay, pues que cada uno se aplique y las aprenda. Sí, todos somos diferentes. Cada uno tiene su forma de ser y sus creencias, sus valores. Y además, sobre todo, el cliente es el que paga.

La agenda perpetua

La tengo en mi mesa, la pongo debajo de la agenda anual. La verdad, no la uso mucho, aunque sí algo. Y debería usarla mucho más.

En ella no vienen los días de la semana, sino solo los números del día de cada mes. Sirve para todos los años y es muy práctica. La tengo desde hace muchos años, quizá cuarenta. Con pastas rojas, un día por página, sin año. No sé por qué se utilizan tan poco.

Esta agenda es útil para anotar los datos de siempre: el día de nacimiento de una persona determinada, el cumpleaños, el día del santo (aunque esto de los santos cada vez lo celebran menos personas). En fin, anotar días de eventos importantes para recordar su aniversario en el futuro. Datos que en principio queremos recordar toda la vida.

La agenda perpetua nos ayuda a recordar fechas, lo cual es necesario. Recordar, en definitiva, es una forma de agradecer. Anote hechos y llame por teléfono anualmente (o cada pocos años) al interesado y se le recuerda. ¡Qué bonito es tener una agenda perpetua! Datos para siempre, aunque alguno taches. Datos para toda la vida. Debería tenerse más presente y complementar a la agenda del año. O bien no tener la del año, solo la perpetua.

Las agendas anuales al final del año van a la estantería, junto a otras agendas, formando la historia. A los niños hay que enseñarles que escriban su día a día. Yo tengo agenda cada año desde los catorce años. Año tras año. Algunos años he escrito poco y tengo las agendas casi en blanco, años en blanco. En otras agendas he escrito mucho, en otras regular. Las agendas alineadas son una parte de tu vida. No lo cuentas todo, evidentemente, pero sí sabes al menos por dónde andabas. Pero la agenda perpetua siempre está en la mesa, siempre activa. Las demás se guardan; el pasado es para guardarlo y recordarlo. La agenda perpetua es la que más se utiliza.

Más adelante alguien cogerá las agendas, incluso la perpetua, y las meterá en una caja. Seguramente, al tomarlas a pulso el pensamiento que tendrá es que pesan mucho. Y las llevará al contenedor de la basura, las pondrá en el contenedor de los papeles. Al menos irán acompañadas de iguales, se reciclarán y se harán con ellas otras agendas. No seas perezoso y escribe, deja huella en el mundo. Que tu agenda la guarde alguno de tus hijos si hubiese suerte.

A mí me encantaría haber tenido agenda de mis ascendientes de tres o cuatro generaciones y si hubiera disputa por ellas al menos haber tenido una fotocopia. Pero da pena que el pasado casi nadie lo aprecie y se tire al contenedor. Vivir leyendo el pasado es vivir varias veces.

Hoy, modernamente, todo tiende a la digitalización, pero yo no quiero mi vida en una nube, sino en algo palpable. No me gustan los libros digitales, me gusta tocarlos y olerlos. No me gustan las películas en televisión, sino en el cine. Antes comentábamos que cada uno tiene sus gustos, que hay que respetarse. Gusta más lo auténtico, lo real, que lo virtual.

Al menos guardar la agenda perpetua, escrita a mano, en algún rincón. Es humana y alguien vivió junto a la misma. Al iniciar el mes se puede ver lo que se quiere recordar ese mes. Esto es importante, pues se escriben cosas humanas que sucedieron. Es útil para llamar a los interesados, a todos, porque el cliente compra, pero también nos compra el proveedor. El proveedor hablando bien de nuestra empresa nos «está vendiendo». Nos vende imagen, nos vende prestigio.

No merece la pena decir «verdades» y crear enemigos. Cállate; de todas formas, con tus verdades no vas a solucionar nada, aparte de crear enemistades. Es mejor decir lo justito con sutileza para, sin decir, decirlo.

El guardacoches también nos vende. Muchas veces regateamos lo que vale (dos euros, por ejemplo, que queremos evitar) o vamos a comer y evitamos la propina; sin embargo, en otras cosas lo mismo nos da pagar doscientos euros que 240 y son hasta innecesarias en muchos casos. Dar propinas es necesario, pues te lo agradecen, te reconforta y ganas amigos.

Los taxistas nos informan, nos tienen al día. Es necesario portarse bien con ellos, como con todos. Tratar a todos como a príncipes. Además, el hacer esto es cuestión de hábito. No es cuestión de dinero, es cuestión de educación. A mí esto me lo enseñaron de niño, tratar a todos por igual, como al más importante. En este sector tenemos una información personalizada, al día, magnífica. Los taxistas son amigos míos.

La informática y la venta

Hoy el móvil (o la *tablet*) es un apéndice más del cuerpo humano, un apéndice extra. Habrá que ver cómo se fija al cuerpo en el futuro.

El CRM, como programa de seguimiento de clientes, es indiscutible hoy por el momento.

La informática está cambiando la acción de venta por la amplia información que facilita al vendedor en cuanto a compras en los últimos años, preferencias... Todo ello facilita mucho el trabajo del vendedor, que, lógicamente, tiene que conocer bien estas armas y obtener de ellas la mayor explotación posible.

Ahora gracias al GPS se llega a todos lados y antes te quedabas de noche en las carreteras, perdido, sin saber a quién preguntar por el destino. ¡Cuánto se ha avanzado en este sentido!

Hace unos años, en 1995 aproximadamente, instalamos un GPS en un vehículo agrícola. Era un GPS prestado, solo se usaba en avionetas y barcos. Nos decían que estábamos locos pensando en instalarlo en un vehículo agrícola porque su precio era desmedido, pero nosotros queríamos hacer pruebas para el futuro. Fue todo un éxito, fuimos pioneros.

La venta lógica

La venta debe ser lógica, no hay que ir a venta no lógica. Por supuesto, con la misma se gana algo de dinero en ese momento, pero también un enemigo. Una venta no es un atraco, es un acto para que tu cliente te lo agradezca.

El cáncer de la pasión se llama rutina. No podemos caer en ella y hemos de buscar y aplicar creatividad. Hay que vincular a clientes aunque no compren. Servirán como *sparring* en el combate de la vida. La vida es una lucha continua.

Sobre todo, procurar que el cliente gane

El cliente debe quedar satisfecho con lo que te compre, el producto o el servicio debe cumplir los objetivos previstos. El cliente no puede quedar sorprendido en negativo, sino en positivo. Debes tener claro un concepto: que al cliente lo quieres para toda la vida. Hay ventas de paso, pero eso ya es otra cosa. Lo de «toda la vida» es un concepto. Con un cliente para toda la vida me refiero a que te estará agradecido siempre y te recomendará a sus amigos.

No dejes de trabajar viviendo cabreado por ello. Mejor toma el trabajo con espíritu constructivo. No busques la tranquilidad; si la encuentras, con un rato es suficiente. La felicidad quizás sea un rato de soledad con la mirada perdida en un horizonte lejano. La felicidad es un deseo, no un estado. Quizá hay que redefinirla, porque el aburrimiento eterno de la tranquilidad inocua no creo que sea felicidad. Creo que está más en tener objetivos y luchar por ellos hasta conseguirlos. Vivir es sufrir, crear, sentir, ser y después morir (lamentablemente o no, es así).

8. LO QUE TODO VENDEDOR DEBE SABER

Una persona bien informada es una persona bien preparada

Esto es básico. Sin preparación no puedes ir a ningún lado; necesitas un aprendizaje, un tiempo en el que no serás rentable para la empresa y en el que, obviamente, ganarás menos, pero en el que la empresa invierte en tu formación y en tu falta de rendimiento. Otra cosa es que tú sirvas o no.

Por ello, me parece una salvajada por parte del empleado que reciba una oferta mejor, lo cual es frecuente, y de la noche a la mañana se marche, dejándote con los planes rotos.

Cuando el despido lo hace la empresa hay un componente de pago de un alto despido por parte de la misma si procede así contigo, por las causas que sean, no ya inherentes a ti, sino a otras situaciones. La empresa, por lo general, es siempre condenada a pagar, salvo raros casos. La justicia en el tema social es una justicia relativa, porque, en mi opinión, está del lado del trabajador de forma clara y este hecho no siempre es justo.

El empleado puede marcharse de la noche a la mañana prácticamente, dejando un hueco o problema en la empresa, y la empresa no tiene derecho a ninguna indemnización del empleado, lo cual es injusto para la empresa que se ve perjudicada, en algunos casos mucho.

Normalmente, un vendedor el 80 por ciento de sus ventas las hace al 20 por ciento de sus clientes. Esto suele funcionar así en la mayoría de los casos y debe cambiarse. Debe vender al mayor número de clientes para aumentar sus ventas.

Conocer el producto

En mi juventud he vivido situaciones, más de una, en las cuales en aquellos tiempos se consideraba que el vendedor había cosas «que no tenía por qué saberlas, sino dedicarse a vender y ya está». Esto lo he visto siempre una barbaridad y el tiempo ha venido a darme la razón.

El vendedor debe ser un especialista, un buen conocedor del producto. Lógicamente, lo que no tiene que saber es el *know how*, secreto de empresa, pero todo lo demás sí conviene que lo sepa. El conocimiento o saber de la empresa tiene que ser secreto, ya que los frutos de su investigación es absurdo que en veinticuatro horas los tenga y los haga la competencia. Es terrorífico. La única manera de salvaguardar esto es con la patente, dentro de un contexto de relatividad.

Pero en general el vendedor tiene que conocer muy bien lo que vende y conocer muy bien cuál es la competencia de lo que vende. «Vender es convencer, para convencer hay que estar convencido y el convencimiento es una consecuencia del conocimiento».

Lo que el distribuidor debe saber del proveedor

Si el cliente es distribuidor, lo que tiene que hacer es trabajar a fondo por la marca que distribuye. Este es el mejor contrato que existe. Y debe tener a la vista (o de hecho, si es posible) otras opciones, o bien otras gamas de productos, por si en algún momento le quitan por absurdeces de la vida la que tiene. En mi opinión, esto es más que habitual en las multinacionales y debe procurar no verse tirado, arruinado. Debe cuidar mucho a su proveedor o proveedores, asistiendo a los actos a los que se le invite, visitando de vez en cuando su sede y reforzando la relación con su proveedor con una posición de colaboración, no poniendo de entrada pegas. De entrada trabajar y después opinar. Si pone muchas pegas, lo echarán de distribuidor pronto.

En mi despacho en Granada tenía un cartel, (que no se qué habrá sido del mismo) copiado de por ahí, que decía: «Señores vendedores, sabemos que sus productos son los mejores, que su casa es la más importante, que sus precios son invencibles y que su competencia no vale nada. Sabemos todo esto. Si tienen alguna otra cosa que decirnos, dígannosla rápidamente».

El vendedor debe ser ambicioso

Muchas veces nos empeñamos en hacer de aquello que no es lo que queremos que sea. Se utiliza mucho tiempo en ello y generalmente se fracasa. No sé, es un tema muy filosófico, pero si una persona no es ambiciosa, si no quiere dedicar a su trabajo muchas horas, el tema de la venta no va con ella y es bueno que se dedique a otra profesión. En esta es cuestión de tiempo, pero fracasará. Por supuesto, tiene que estar enamorada de la venta; si no está enamorada y no le gusta, por favor, que se vaya pronto, por su bien y por no hacer perder tiempo y dinero a la empresa donde trabaje. Sinceramente, creo que la persona que no sirve para vender su buen puesto debe tenerlo en nuestra querida competencia.

Los feos también vendemos

Esto es importante saberlo y tenerlo claro. Esto de la venta se ha democratizado y ahora es patrimonio de todos. Vende el feo, vende incluso el antipático, venden el listo y el listillo. Simplemente hay que tenerlo claro, desinhibirse y no pensar que «uno no sirve para vender». Realmente, todos servimos para vender. Son los compradores los que muchos no sirven para comprar. Conviene tenerlo claro.

Esto ha cambiado mucho. Hubo un tiempo en el que, por lo visto, solo vendían los guapos. Menos mal, ya pasó. Hoy los feos vendemos muchísimo. Todos servimos para vender y, sin ánimo de molestar, creo sinceramente que el que diga que no sirve es porque es un poquito holgazán y se ampara en esta excusa. Hay que tener en cuenta lo principal, que haya una buena organización. Como consecuencia de ello, el vendedor tiene que ser un gerente sumergido, enmascarado. El vendedor debe decir a la empresa cómo tiene que organizarse para la venta y contar tendencias del mercado. Es, en definitiva, línea de fuego del combate del mercado. Y la venta bien organizada no es cuestión del acto de venta, es consecuencia de una buena organización para la misma.

Los feos suplen la falta de belleza con más ahínco en la venta, desplegando otras virtudes, así que en el fondo venden más.

9. EPÍLOGO

Reflexiones etéreas

Suelo al final poner este encabezamiento donde al escribir no pienso nada, solo dejo la mente libre, las manos sobre el teclado y que hable el subconsciente, que hablen las ideas sumergidas.

Todos los vendedores con auténtico éxito en cualquier campo son hábiles maestros en las técnicas de interactuar con otra persona en forma tal que consiguen la aceptación de una idea, que se traduce en que la otra persona se comprometa en cierto modo o adopte cierta actitud firme que suponga un aumento de valor para el comprador y para el vendedor.

La interacción supone habilidad para:

-Tener previamente enfocada la reunión.
-Parar los pies al cliente.
-Recibir valores del cliente.

La interacción es una especie de «toma y daca» en ambos sentidos de información y de valores psicológicos.

Los clientes necesitan y desean ayuda y asesoramiento exterior, que les podemos dar con nuestros conocimientos y preparación.

Supongo que el lector quiere encontrar aquí un resumen, unas conclusiones, para evitar leer el libro. Por supuesto, no le voy a dar esa satisfacción, entre otras cosas porque no sé resumir lo irresumible. Si quiere saber lo que he escrito, lea el libro, que lo he escrito bastante resumido.

Eso sí, hay que tener en cuenta que las brevas son frutos tardíos de las higueras que hibernan hasta llegadas las temperaturas de primavera. Este 2020 ha sido un año con pocas brevas. No sé si con el cambio climático nos quedaremos en el futuro sin las mismas.

El vendedor es, en definitiva, un aprendiz del patrón. En algunos casos ha aprendido más que sus jefes, se ha independizado, ha creado su propio negocio y se ha hecho un poderoso empresario. No son muchos de este tipo, pero los hay. La inmensa mayoría tiene objetivos mucho más elementales, más cómodos y sin riesgo.

La fortuna es la audacia con tacto. Ojo, no hay que confundir la audacia con el descaro, que es cosa de falta grande de educación. Generalmente, a los que les falta la educación se les hace el vacío y entonces se relacionan con los de su mismo pensamiento. La falta de educación es intolerable. Y de ser valiente nada: la valentía hay que dejarla en la puerta de la calle. La audacia es otra cosa.

Hay que evitar el choque y la confrontación. Yo he tenido muchos enfrentamientos profesionales. Ya a toro pasado, creo que no merece la pena el enfrentamiento como forma quizá de convencimiento. No se consigue nada, salvo el desgaste profundo de uno. Hay que manejar sabiamente el «tener mano izquierda» y si no funciona buscarte otros interlocutores. Tus clientes deben ser siempre inteligentes; los torpes, a la competencia.

Medir el tiempo es fundamental para planificarse y ser mucho más efectivo. Quienes no controlan el tiempo hacen un fatal uso de este y una empresa debe funcionar, por supuesto, con citas puntuales y con constancia y la perseverancia. Las citas que tú incumplas no son de recibo, no son tolerables.

En la época actual hay una plaga inquietante: es la «infodemia», que es la divulgación de bulos, que se expande igual que la COVID-19, con efectos muy perniciosos en la evolución de la sociedad. No debemos estar con ellos, nos contagian. El virus del bulo no está identificado. Las reuniones de ventas son de negocios, no para hablar de política.

Hay un placer en la venta que solo el que vende conoce. No hagas con la venta como el niño con el globo, que cuando lo tiene a mano lo ignora y lo pierde. Tienes que rematarla haciendo el pedido. Un pedido en el aire es una gaviota volando en el cielo de Barbate.

No te dejes llevar por la comodidad y por trabajar lo mínimo posible. Si quieres llegar a algún sitio, tiene que ser marcando objetivos y trabajando duro. Otras comparaciones están sujetas en querer justificar la vaguedad como fórmula de éxito. Es una sonora falta de coherencia.

El vendedor tiene un papel importante, entre otras cosas porque dice a su empresa lo que la misma ha de vender y, en definitiva, marca objetivos y tendencias de la empresa de forma indirecta. La venta es calidad del producto + servicio + habilidad del vendedor.

«La venta es un acto sexual sin sexo» es una frase mía. Quiero decir con ella que produce una satisfacción enorme la venta bien hecha, porque todo se mueve alrededor de la venta. Yo cuando estaba en Cros, que era una época donde predominaba a nivel general en la empresa el aspecto industrial (en mi opinión), siempre decía que el motor de las empresas, la línea de vanguardia, es el vendedor y comentaba en la empresa que convendría en la rotonda del enorme edificio del paseo de Gracia, en Barcelona, en la entrada descomunal, de tres plantas de altura, que pusieran en el centro un monumento a «su majestad el vendedor».

No hay modelos de vendedor que sirvan para todos. Cada uno de los vendedores tiene que trazar su propio perfil y ver la forma de que su acción sea lo más práctica y rentable posible. Eso sí, dominando el mercado y mandando como es debido, con autoridad; diciendo a los compradores lo que tienen que hacer y consiguiendo que lo hagan; estudiando todo el entorno y, con mucha flexibilidad, anticipándose a los acontecimientos. El porvenir es de quien sabe adelantarse. El vendedor controla el mercado, manda en el mercado y marca el paso.

La venta es un conglomerado de actuaciones empresariales que da lugar a otro conglomerado de vínculos etéreos. Como consecuencia de lo primero se vende por la persona que en cada caso corresponda.

La venta es un poco tocar el cielo. Cuando todo funciona y encaja, «yo no vendo, me compran». Así es, amigo. Así es.

La venta es bastante soñar despierto, lo cual hace tener fuerza para procurar abordarla con más intensidad y realizar tus sueños. Soñar despierto tiene mucha influencia en lo que se hace.

Cuando vayas consiguiendo objetivos debes darte pequeños homenajes. Es necesario comprender bien la venta para que haya impulso realizador, que es fundamental.

Para terminar, otra frase: «La venta no es algo que el vendedor le hace al cliente ni tampoco algo que el comprador hace al vendedor. Los dos son miembros de un sistema social en miniatura y en este sistema social el vendedor es el creador de valores y no el creador de necesidades. El proceso de persuasión consiste en la creación por parte del vendedor de factores psicológicos y económicos interesantes para el comprador».

Ya sabe, tanto usted como yo somos tan buenos que «no vendemos, nos compran». Se nos quiere, se fían. ¡Es así, lo hemos conseguido! ¡El mundo es nuestro!

10. AGRADECIMIENTOS

Quiero dar las gracias a todos los profesionales que he conocido en mi vida. De todos he aprendido, bien para poner en práctica o para no hacer algo nunca.

De mi etapa de Amoniaco Español S. A., a Francisco de la Torre, al que le pusimos un texto («Maestro de maestros») en un lienzo que en un homenaje le entregamos. Y en verdad lo era. Gracias también a Enrique Hernández Barrientos, Manuel Morón Salas, Alfonso Lozano Tavira, José Barceló Sierra, Alfonso González Vergara, José Martínez Martínez, Sebastián Ruano Criado, Julián González Higuera, Antonio Sarria Pérez, Alfonso León, Salvador Muñoz Álvarez, Benito Palomino, Julián Medinilla Reina, Manuel Olivares Gutiérrez, José Santiago García Sánchez.

De mi etapa de S. A. Cros, a Alejandro Viñas Vilar, Jaime Salón Salat, Santiago García Artiga, José María Prieto, Isabel Longares, Nuria Comas, Tomás Castellá, Fernando Mendoza, Juan Llona, J. A. Vázquez, José Luis Romero, José Luis Toral, Antonio Checa, José Leiva, José Ramón Sanz Santacruz, Antonio Zaldívar y José Luis Benítez, entre otros muchos.

De la etapa de Fesa-Enfersa, a Gregorio Ruiz Navalón, Pedro Summers Rivero, Francisco Doblas, Félix Lequerica, Sergio González Guerra, Juan Pardo y mi gran consejero, José Moral.

De mi etapa en Herogra, a don Hermenegildo Romero Granados, Juan Romero Ruiz, Joaquín Romero Ruiz, Rafael Vital, Juan José Romero Martínez, Ana Romero Martínez, Jaime Abad, Juan Carlos Pecci, Pedro Torres, Ignacio Romero, Alfonso Cortés, Ramón Gámiz, don Alberto López, Jesús Ros, mi mano derecha Ricardo Joya, Pablo Ramos, Manuel Molina, José Luis Cobián, al recordado José Hoces y a muchos excompañeros.

Seguro que la lista es bastante incompleta y no pongo relación de amigos clientes y proveedores. A todos muchas gracias.

A innumerables clientes entrañables: Alejandro Saiz, Ángel Porro, José García-Berdoy Regel, Julián Álvarez Blázquez, Román Álvarez, José Manuel y Fernando Aguado, Pedro Antonio Fernández Iglesias, Juan López García-Berdoy, Ignacio López de la Puerta, Octavio López García, Fernando Portillo, Javier Aguado, José Antonio Ruiz Lavigne, Fausto e Indalecio Rodríguez Hernández, Fernando Fuentes, Rafael Calvo, Antonio

Montalbán Valdivia, Francisco Artal Surch, Ramón Cucurull, Juan Xandri, Roberto Rodríguez, Juan José Also e Ignacio Salazar, entre otros.

A proveedores como Francisco García Campos, Cohen o Luis Martín Aguado, entre otros muchos.

A peritos agrícolas como Andrés Arambarri, Juan de Benito Dorrego, Salvador Medina Portillo, Antonio Ortiz, Juan Gaspar Cubo, Adriano Sianes, Teófilo Rodríguez, Juan Pedro Romero de la Lastra, Francisco Díez Sabido, Eloy del Arco, Francisco Jiménez Gandúl, Antonio Naz, Diego Nogales y Antonio Jiménez Pinzón.

A mi familia: padres, hermanos, hijos y sus cónyuges, nietos, cuñados, sobrinos, todos mis primos... En fin, a toda la familia. Y a Trini. Para ella no tengo palabras. Toda la vida unidos.

A tantos y tantos profesionales, compañeros, asesores, proveedores, una larga lista de la cual faltan ya no pocos. Personas que en mí han confiado siempre y son amigos eternos, de los que he procurado (al menos lo he intentado) aprender lo que he podido. A todos muchas gracias. Mi tienda de momento está cerrada, pero en el futuro nunca se sabe lo que puede acontecer. Aunque con 76 años el futuro lo siento cortito.

www.ingramcontent.com/pod-product-compliance
Lightning Source LLC
LaVergne TN
LVHW020329200726
843507LV00012B/2293